JN155058

トランプがはじめた21世紀の南北戦争

アメリカ大統領選2016

渡辺由佳里
YUKARI WATANABE

晶文社

illustration Hikaru Matsubara
bookdesign albireo

CONTENS

III 大荒れの予備選

IV 泥仕合の本選

はじめに

過去一〇年ほど政治に関するブログを書き、今回の大統領選では政治コラムや現地ルポを書いているので、私が政治好きだというイメージが定着してきたようだ。けれども、学生時代には積極的に政治の話を避けるタイプだった。

でも物心ついたときからリベラルだった。五歳のときから読書が好きで、高校生になると海外の哲学書を読み、世界の不条理に憤り、常識といわれるものに疑問を抱いた。大学時代には多くの異なるセクトに属する友人や知人がいたが、暴力的で自己満足的な学生運動には嫌悪感しか抱かず、ノンポリを貫いた。

私が政治に興味を抱きはじめたのは、一九八一年に初めて訪問したイギリスだった。

当時は、マーガレット・サッチャーがイギリスで初めての女性首相に就任して二年目だった。男尊女卑で有名な保守党が選んだ女性リーダーに、私は好奇心を抱いた。私の周囲のイギリス人にはリベラルが多く、彼らはサッチャーの悪口しか言わなかったが、食料雑貨店の娘として生まれ、オックスフォード大学で化学を学び、努力の積み重ねで女性として不可能と思われていた地位を手に入れ、「鉄の女」とまで呼ばれた女性に、私は魅了された。一九八八年に彼女が日本を訪問したときに会う機会に恵まれたが、そのカリスマ性を、今でもはっきり覚えている。

私がアメリカ大統領選挙に興味を抱くようになったきっかけは、ビル・クリントンだった。南部の小さな州の若い民主党の知事が、現職のジョージ・H・W・ブッシュを破ったのである。このとき、私が知っている多くの共和党員が「ブッシュ大統領の人格は好きだが」と言いつつ、クリントンに投票したのも印象的だった。

当時ファーストレディだったヒラリーが、米国民全員に医療保険を与える「ユニバーサルヘルスケア」を導入しようとして孤高に戦い、敗北したことも、強く記憶に残っている。

私はカリスマ性があるリーダーへの好奇心をきっかけに、彼らを支持する人々の心理にも興味を抱き、リーダーの理想が、その国だけでなく、世界の運命を変えることを実感した。振り返ると、人間そのものへの深い好奇心が、私の「政治好き」の根底にあったのだ。

選挙を身近に感じたのは、イラク戦争反対のハワード・ディーン（当時バーモント州知事)が予備選の準備を始めた二〇〇三年だった。その当時はまだ原始的だったインターネットを駆使して個人から少額の政治資金を集め、meet-upというやり方で支持者が草の根的なネットワークを作った。私は、初期からmeet-upに加わり、少額の資金を寄付し、ディーンのラリー(大規模の政治集会)に出かけた。すべてが「初体験」だった。

この頃から、私はボランティアとして町を運営する多くの委員会に加わるようになった(これについては3章でふれている)。傍観者として分析しているだけでなく、実際に参加するのが民主主義だと思ったからだ。

大統領選の重要性を切実に感じたのは、二〇〇〇年にアル・ゴアがジョージ・W・ブッシュに負けた暗い歴史だ。あのとき、左寄りのリベラルが「どちらが大統領になっても、そう変わらない」と変化を求め、アメリカ緑の党のラルフ・ネーダーに投票した。それさえなければゴアが大統領になっており、イラク戦争は始まらなかった。

私はアフガニスタン戦争とイラク戦争のどちらでも、嘆願書に署名を集めてホワイトハウスに送った。しかし、そんな努力では戦争を止めることはできなかった。

ところで、二〇一六年の予備選では、バーニー・サンダースが少額の選挙資金を集めたことが話題になったが、もともとは、ディーン陣営が始めたものだった。

選挙戦の戦い方を根本的に変えたのはディーンであり、それを最大限に利用したのが二〇〇八年のバラク・オバマ。さらに推し進めたのが、二〇一六年のバーニー・サンダースなのだ。

このようにして、長年にわたって距離や角度を変えて政治を観察していると、理想だけでは社会が動かないことがわかってくる。社会経済的に異なる層の人々と関わると、それぞれの人にとって「よい国」が異なることもわかる。

だから、私は社会的にはリベラルだが、経済的には中道というか現実主義になった。保守とリベラルが意見を取り交わし、バランスを取ることが重要だ。

ある政治家を支援しているからといって、その人物を「聖人」とみなすのは危険だとも思っている。支援する政治家のライバルや対立する政党の政治家を「悪人」とみなすのも、間違っている。

ほとんどの政治家には「善と悪」、「奉仕精神とエゴ」が混じっているものだ。そして、全員がキャリアのどこかで失敗をおかす。その失敗をどう活かすのかで、政治家の質が変わる。有権者は、それを含めた政治家の実績をしっかりと見るべきだ。でないと、民主主義は危険な「ポピュリズム」になる。

それを強く感じたのが、二〇一六年の大統領選挙だった。

いつの時代も、人々はなにかしら不平や不満を抱いている。戦争や経済不況などの深刻な理由が背景にあることは多いのだが、深刻な状況でなくても不満を持つのが人間の性だ。そんな人たちに「変化」を約束する「インサージェント候補」は、常にある一定の人々を魅了する。一九九二年のビル・クリントンと二〇〇八年のバラク・オバマもインサージェント候補だった。

二〇一六年の大統領選挙では、民主党のバーニー・サンダースと共和党のドナルド・トランプがインサージェント候補だった。しかも、両候補とも、予備選に出馬するまでは党に属していない「よそ者」だった。それは、プロの政治家に飽き飽きしていたアメリカ国民にとって非常に魅力的だった。

二〇〇八年にインサージェント候補のオバマがモチベーションとして使ったのは「希望」だった。しかし、サンダースとトランプが集めたエネルギーは「怒り」だった。「アメリカの現状は徹底的に悪い」、「自分たちの幸福を搾取している悪者がわれわれの中にいる」という内容のメッセージは、多様性を尊重してきたアメリカを敵味方に分け、分断した。

熱狂的なファンに近い支持者を集めた「よそ者候補」の二人は、民主党と共和党の二大政党を根底から揺り動かし、深い傷を負わせた。

私は、予備選の初期から、オンラインマガジンCakesの「アメリカ大統領戦、やじうま観戦記！」という連載で大統領選挙をわかりやすく解説し、ニューズウィーク日本語版では「【２０１６米大統領選】最新現地リポート」という形で、最新情報のコラムを書いてきた。本書では、それらでレポートしてきた大統領選挙をもう一度振り返り、重要なエッセンスを取り出した。

アメリカの大統領選にはどのような意味があるのか、この選挙で何が起こったのか、そして、大統領選の結果から未来はどう変わるのか、じっくりとお読みいただきたい。

渡辺由佳里

I

アメリカの政治のしくみ

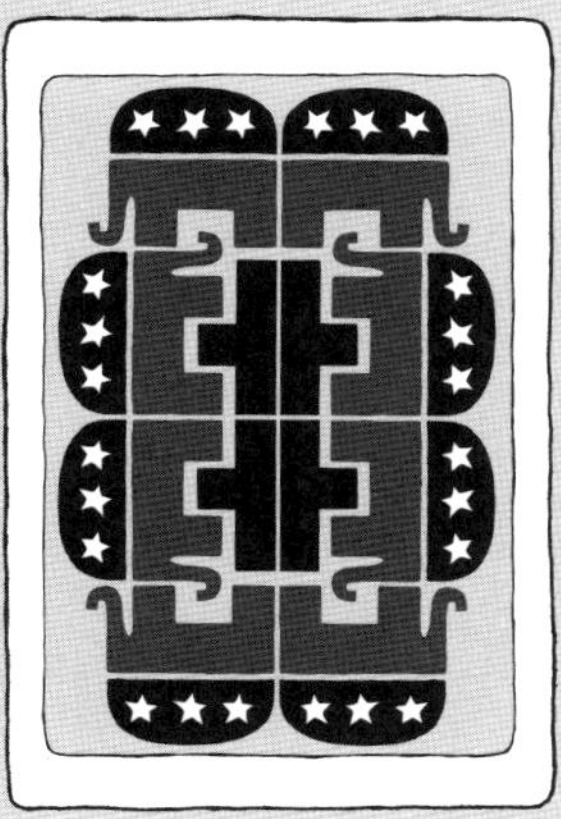

1

アメリカ大統領選のプロセス

アメリカでは、国民が大統領候補を選んで投票する。だから「直接選挙」と誤解されやすいが、そうではない。

各州に「選挙人（elector）」という役割の人がいて、彼らが州を代表して投票することになっている。それぞれの州に上院下院議員と同じ数の選挙人が与えられ、住民投票で勝った候補が選挙人すべてを勝ち取る「勝者総取り方式」だ。人口に関係なく、すべての州で上院の議席は二人だ。人口が少ない州にも発言権を与えるものだが、結果的に、人口が集中している州の票の重みが軽くなる。つまり、「都市」よりも「地方」に有利なシステムなのだ。建国当時は国民の識字率が低かった。そこで、住民が信頼できる有識者を選挙人として選び、選ばれた選挙人が大統領を選ぶという間接選挙だったのだ。問題は、この制度では、得票数が多い候補が結果的に選挙で負ける可能性があることだ。実際に、二〇〇〇年の選挙では、ゴアが得票数では勝ったのに、選挙人制度でブッシュに負けるという結果になった。

国民の一票の重みが違うことが長年問題になっているのだが、なかなか制度を変えることができないでいる。

大統領選の長いプロセス

アメリカの大統領選はともかく長い。

投票そのものは、四年毎のうるう年の一一月上旬の火曜日（二〇一六年の選挙日は一一月八日）なのだが、選挙準備は何年も前から始まっている。真剣に出馬を考える者は、投票日の二年ほど前から委員会を作って準備を始める。そして、勝算があれば、選挙の前の年の七月ごろまでに公式に出馬表明をする。このころから候補は重要な州でラリーなどの政治イベントを行って支持者を集め、八月ごろからテレビでのディベートも行われる。

予備選の投票が始まるのは大統領選挙がある年の二月上旬だ。本選とは異なり、予備選の投票は二月から六月まで長期にわたって異なる州で行われる。予備選が終わり、各党の指名候補が決まったら、今度は党大会だ。そこで指名候補を盛り上げ、次に本選のキャンペーンが始まる。候補はテレビで討論を行い、ラリーやタウンホールミーティングという政治イベントのために全米をかけまわる。その間にもテレビに出演し、メディアの質問に答えようやく一一月八日に投票を迎える。本選は、全米でいっせいに行われ、投票所が閉まると同時に開票が行われる。

予備選のプロセス

第三政党からも有力な候補が立候補することはあるのだが、現在のシステムで大統領選に勝つのはほぼ不可能だ。そこで、ここでは民主党と共和党の二大政党のみに集中してプロセスを説明する。

大統領選には、予備選↓党大会↓大統領選の三つの段階がある。

アメリカの二大政党である民主党と共和党を、セ・リーグとパ・リーグに例えると、大統領選挙の流れがよくわかる。本当はもっと複雑だし異なる部分はあるのだが、それぞれの党（リーグ）での選挙のプロセスを単純にすると次の図のようになる。

予備選の候補者を、レギュラーシーズン出場チームに例えるとわかりやすいかもしれない。

予備選挙は、民主党と共和党に分かれて行われる。本選のように同じ日に投票するのではなく、二月から六月にかけて全米五〇州で断続的に行われる。レギュラーシーズンの「試合」のような感じだ。

もちろんプロ野球とアメリカ大統領選挙では違うところがある。

プロ野球はたとえ出場チームの負けが決まってもレギュラーシーズン終了まで試合を続けるが、大統領選挙では「勝ち目はない」と見定めて負けを認めた出場チーム（候補者）は、選挙運動をやめる。

また、大統領予備選挙では、単純に勝った試合の数ではなく、選挙で獲得した「代議員」というスコアで勝敗が決まる。

レギュラーシーズン（予備選）が終わったときには、クライマックスシリーズ（党大会）での勝者はすでに決まっているのがふつうだ。しかし、勝敗が党大会まで持ち込まれることもあり、そうなったら党大会は大荒れになる。実際にそうなった歴史もある。

予備選のスコアは「代議員」

日本のプロ野球ではリーグ内の順位を決めるのは「勝率」だ。だが、アメリカ大統領選挙の予備選挙で党内（リーグ内）の順位を決めるのは、「勝率」でもなければ、勝った州の数でもない。

勝敗を決めるのは、各候補が得た「代議員（delegate）」の数であり、これが点数に値する。「代議員」と聞くと政治家を思い浮かべるかもしれないが、政治家とは限らない。有権者の代理として党大会で投票する役割の人だ。大統領選挙ごとにそれぞれの党が総数を決める。

共和党と民主党では、予備選のルールが異なる。両方説明するとややこしくなるので、ここでは民主党のみを説明する。

二〇一六年の予備選では、民主党の代議員は四七六三人であり、候補者のひとりが過半数の二三八二人を獲得した時点で勝者が決まる。

州の人口や党にとっての重要さによって、代議員の配分は異なる。

また、獲得した票の数がそのまま代議員の数に反映するわけではない。州それぞれが頑固に権利を主張するのもアメリカらしさ。州により、投票方法、票の数え方、代議員の配分方法が異なる。民主党ではどの州でも得票数に応じて代議員が配分されるが、共和党の場合は勝者総取りの州がある。

有権者の投票結果に左右されない「特別代議員」

スコア表の中で、無視できないのが「特別代議員（superdelegate）」の存在だ。

特別代議員は、トランプで万能カードとして使う「ジョーカー」のようなものと考えるとわかりやすいかもしれない。

候補者が予備選の結果で獲得した代議員は、党大会で有権者の代表として投票することを約束しているので、基本的には党大会で投票する候補を変えることはできない。

だが、「特別代議員」は、党大会で誰に投票しようが本人の自由なのだ。

そんなことができる特別代議員とは誰かというと、簡単に言えば「党の重要人物」だ。

このシステムが有効なのは民主党だけで、二〇一六年の民主党での特別代議員の中身はこうなっている。

- 党のリーダー――過去の大統領、副大統領、党全国委員長、上下議会の委員長など（二〇人）
- 現職州知事（二〇人）
- 現職上院議員（四七人）

・現職下院議員（一九三人）
・選挙で選ばれた党全国委員のメンバー（四三二人）

二〇一六年の民主党の予備選では、特別代議員の占める割合は一五％だった。

特別代議員は、「誰が予備選で勝つことが党のためになるのか？」を考えつつ、今後の自分の立場に影響するから「最終的に勝つ候補を応援する」傾向がある。

このような理由から、特別代議員の支援が多い候補が最終的に予備選を勝つ可能性は高く、したがって「選挙予測」では世論調査と同様か、それ以上に重視される。けれども、情勢が変われば、特別代議員は支持する候補をけっこう簡単に変える。二〇〇八年の大統領選では、終盤で多くの特別代議員がヒラリー支持からオバマ支持に変わった。

この制度があるのは、「党が絶対に支持できないような候補」が指名候補になるのを防ぐためである。そういった候補でない限りは、特別代議員は有権者の投票を尊重するのが暗黙の了解になっている。

党大会の役割

よほどのことがない限りは、党大会の前に選挙で指名候補が決まる。ただし、三人以上の候補が接戦を繰り広げる場合には、勝者が代議員の過半数を獲得できない可能性もあり、選挙で負けた候補が「敗北宣言」をしない場合もある。

その場合には、勝敗が党大会まで持ち込まれることもある。

通常は、党大会は指名候補を全米にアピールするPRイベントである。これについては、後の章で説明する。

本選のスコアは「選挙人（elector）」

ここからいよいよ本選に入る。選挙人の数は、その州の下院議員の数（人口から割り出した数）に上院議員の数（各州二人）をあわせた数で、全部で五三八人。アラスカなど人口が少ない州では最低数の三人で、もっとも多いのがカリフォルニアの五五人だ。

選挙では、選挙人五三八人の過半数、つまり二七〇人を獲得した候補が大統領選挙の勝者になる。民主党の予備選とは異なり、本選では、州の勝者が選挙人の全員を獲得する「勝者総取り」（メインとネブラスカは例外）のシステムだ。

すると、五五人も獲得できるカリフォルニア州のほうが、三人しかいないアラスカ州で勝つより重要だ。

「それなら、候補はカリフォルニアで勝つために努力したほうがいい」と思うだろう。

現実は、イエスでありノーでもある。

なぜかというと、アメリカには「青い州」と「赤い州」があるからだ。「青い州」というのは、民主党寄りのリベラルな州のことで、「赤い州」とは共和党寄りの保守的な州のことだ。民主党のイメージ色が青で、共和党が赤だからだ。アメリカの国旗で使っている色は青、赤、白であり、そこから来ている。二大政党を色分けする習慣は、南北戦争以前からあったようだが、現在のように「青い州」、「赤い州」という使われ方をするようになったのは、二〇〇〇年くらいからだという。

一九八四年の選挙でミネソタとワシントンＤＣ以外すべての州で勝った共和党のレーガン大統領は例外だが、通常の大統領選挙では、青い州では民主党の指名候補が勝ち、赤い州では共和党の候補が勝つ。

さきほど例に使ったカリフォルニアは典型的な「青い州」で、共和党の候補が努力しても勝つのはほぼ不可能だ。時間と費用のムダ使いになるだけだから、共和党は選挙運動もほとんどしない。最初からカリフォルニアの五五人は「民主党のもの」として数えられる。

大統領選挙で両方の候補が重視するのは、どちらにも「揺れる（スイング）」可能性がある「スイング・ステート」、つまり「紫の州」だ。日本ではよく「激戦州」として紹介される。

近年いつも話題になるスイング・ステートは、オハイオとフロリダだが、二〇一六年の選挙では、ほかにもコロラド、ペンシルバニア、ノースカロライナ、ニューハンプシャー、アイオワ、ネバダ、ミシガン、ウィスコンシン、ミネソタ、バージニアもスイング・ステートだった。

ただし、北部のミネソタ、ミシガン、ウィスコンシンは伝統的に民主党が強く、選挙人が多いペンシルバニアも世論調査でヒラリーが安定したリードを保っており、これらはほぼ「青い州」とみなされていた。そのため、著名な予測専門家のほとんどが、八〇%以上の高い確率でヒラリーの圧倒的な勝利を予測していた。ところが、開票をしてみたら、トランプ本人でさえ驚いたという、逆転勝利だった。

純粋な得票数ではヒラリーがトランプに勝ったのに、「選挙人制度」でトランプが勝ったという点でも、特別な選挙だった。

その劇的な選挙結果については、19章で詳しく語ることにする。

ミネソタ
ミシガン
ウィスコンシン
バーモント
メイン
ニューハンプシャー
ニューヨーク
マサチューセッツ
アイオワ
ロードアイランド
ペンジルバニア
コネチカット
イリノイ
インディアナ
オハイオ
ニュージャージー
ウェスト
バージニア
デラウェア
ミズーリ
メリーランド
ケンタッキー
バージニア
ワシントンD.C.
テネシー
ノースカロライナ
アーカンソー
サウス
カロライナ
ミシシッピ
アラバマ
ジョージア
ルイジアナ
フロリダ
共和党寄り（赤い州）
民主党寄り（青い州）
スイング・ステート（紫の州）
ほぼ青いとみなされていた州

2016年の予測

ワシントン
オレゴン
カリフォルニア
ネバダ
アイダホ
モンタナ
ワイオミング
ユタ
コロラド
アリゾナ
ニューメキシコ
ノースダコタ
サウスダコタ
ネブラスカ
カンザス
オクラホマ
テキサス
アラスカ
ハワイ

2

大統領選挙と歴史の深い関係

二大政党の変遷

前章で民主党が強い「青い州」と共和党が強い「赤い州」について触れた。

だが、この観念が生まれたのは二〇〇〇年の選挙であり、現在の青い州と赤い州はずっと同じではない。二大政党の理念や政策も変化した。というか、どちらの党も誕生のときから現在までにまったく異なる存在になってしまった。

二〇一六年の大統領選では政治的立場が混乱しているが、現在の二大政党の違いは一応次のようなものだとみなされている。

民主党――大きな政府。福祉優先。労働者優先。保護貿易。ボトムアップ型の経済重視。人種、宗教、ＬＧＢＴ（性的少数者）、性別などでの差別に反対。人権重視。女性の生殖での選ぶ権利支持。環境保護、銃規制賛成。コアの党員は、マイノリティ、労働者、高等教育を受けた知識層。

共和党――小さな政府。減税。企業優先。自由貿易。トップダウン型の経済重視。キリスト教保守の伝統的保守思想を重視。地球温暖化否定。不法移民反対。銃規制反対。コアの党員は、白人、キリスト教原理主義者。

現在マイノリティが圧倒的に支持する民主党だが、この党出身の最初の大統領アンドリュー・ジャクソンは、アメリカ先住民族の虐殺の戦功が評価されて出世した軍人で、一五〇人もの奴隷を持つ南部の農場主でもあった。そして、二〇一六年大統領選挙で人種差別的発言を繰り返すドナルド・トランプが代表する共和党の初めての大統領は、奴隷制度に反対して南北戦争を闘ったエイブラハム・リンカーンだった。

ジャクソンとリンカーンが現在の二大政党を見たら驚くことだろう。まるで逆の党になってしまっているのだから。

いつどのようにしてこの劇的な変化が起こったのだろうか?

これには、アメリカの社会情勢だけでなく、世界の時事問題が深く影響している。それぞれの党は、その時の社会情勢や時事問題に対して、自分の党に有利になるように立ち位置を変え、アメリカ国民のほうも、その時により異なる理由でリーダーを選んできた。そして、大統領選の結果が、アメリカだけでなく、世界の歴史も変えた。多くの場合、その結果は、国民が望んだことでも、予期したことでもなかった。

ときには、その結果に対する「反対票」として次の大統領を選ぶこともあり、その結果がさらに失望につながることもあった。

こういった大統領選と二大政党の劇的な変遷を、南北戦争の前後から簡単に振り返ってみよう。

南北戦争前の状況（建国から一八五〇年代まで）

建国当時のアメリカの二大政党は、連邦党（フェデラリスト）と民主共和党だった。連邦党は初代財務長官のアレクサンダー・ハミルトンが中心人物で、連邦共和国制の必要性を唱える党だった。その後この党は分裂したが、後に形成されたホイッグ党とともに、共和党の元になった。連邦党に反対の立場だったトーマス・ジェファーソンの民主共和党が民主党の前身である。

アメリカの北部では、建国の時代からアレクサンダー・ハミルトン（連邦党）などの政治家が奴隷制度廃止の運動をしており、一八〇四年までに北部では奴隷制度が廃止になっていた。憲法でも一八〇八年には奴隷貿易が廃止されることになっていたが、現実には一八六〇年になっても南部は奴隷制度を続けていた。

経済的な環境も南北での差異が拡大していた。

工業化が進む北部では、流動的な労働力が必要なので奴隷制度には反対、ヨーロッパとの競争力を保つために保護貿易支持の立場だった。

南部の経済は、黒人奴隷の労働力に頼る大規模農園（プランテーション）が中心であり、政治的に力を持つのは大農園の所有者だった。綿花をヨーロッパに輸出するために、自由経済支持の立場だった。

南北戦争寸前の二大政党の特徴は次のとおりだ。

共和党――北部。奴隷制度反対。工業推進。保護貿易支持。共和党初の大統領エイブラハム・リンカーン（一八六一〜六五）は奴隷制度廃止を求める北部を率いた指導者。

民主党――南部。奴隷所有の権利を支持。農業保護。自由貿易支持。民主党初の大統領アンドリュー・ジャクソン（一八二九〜三七）は多いときには一五〇人の奴隷を持っていた大農園主。

南北戦争当時（1861年）

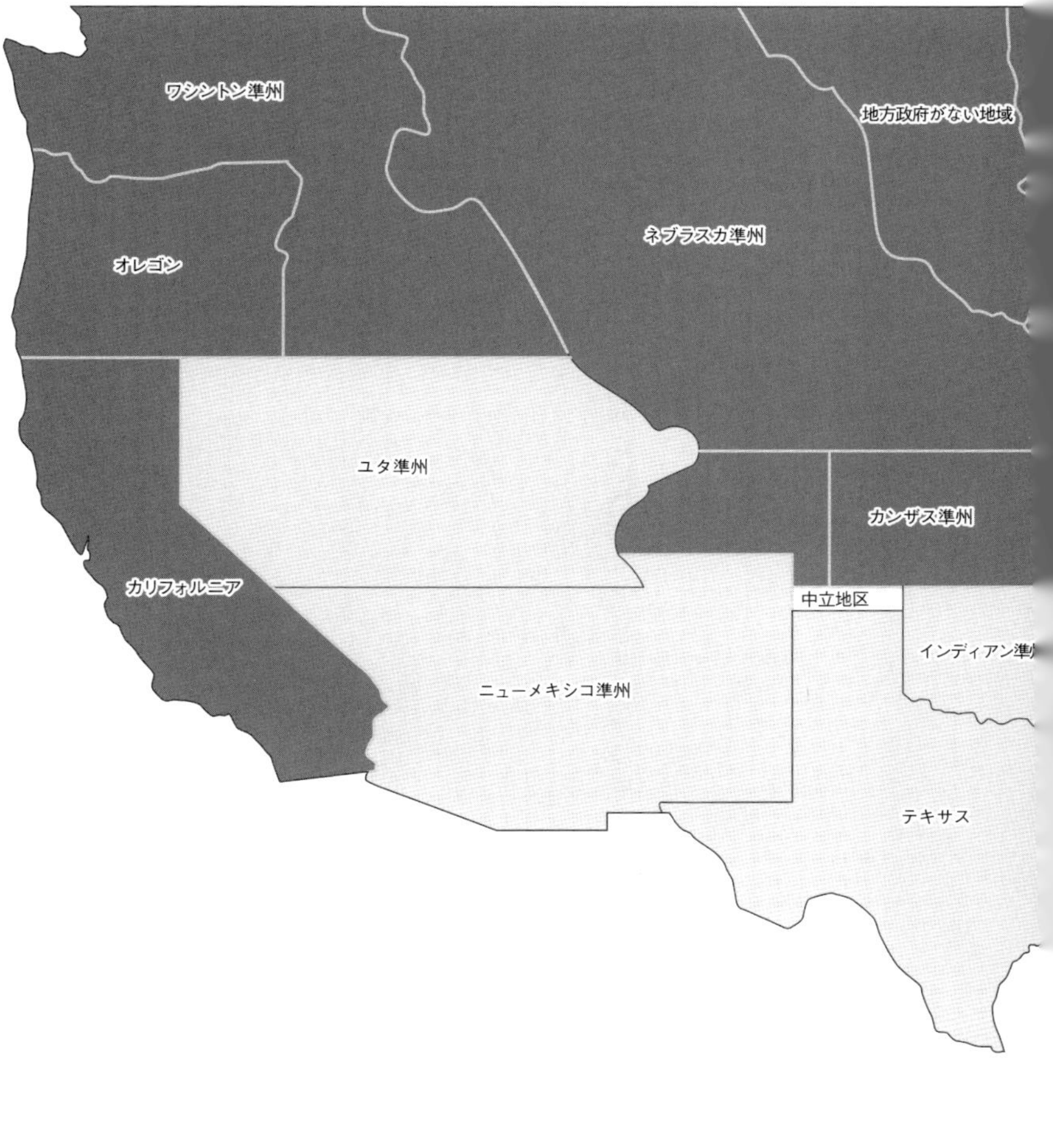
ワシントン準州
地方政府がない地域
ネブラスカ準州
オレゴン
ユタ準州
カンザス準州
カリフォルニア
中立地区
インディアン準州
ニューメキシコ準州
テキサス

南北戦争とその後

一八六〇年の選挙で共和党のリンカーンが大統領に選出されると、奴隷所持の権利を主張する南部の州、サウスカロライナ、フロリダ、ミシシッピ、アラバマ、ジョージア、ルイジアナ、テキサス州は、奴隷制度廃止を恐れ、次々にアメリカ合衆国から離脱し、「アメリカ連合国」を結成した（これら七州は、いまでも「ディープサウス」と呼ばれる）。その後、南軍の攻撃に合衆国の北軍が応戦し、南部の「独立国家」にバージニア、アーカンソー、テネシー、ノースカロライナも加わった。奴隷州のうちデラウェア、ケンタッキー、メリーランド、ミズーリ、バージニアは合衆国に残ったが、北部の政策を受け入れたわけではなかった。

一八六五年に戦争が終結するまでに南北軍あわせて五〇万人近くが戦死し、アメリカ史上最も人的被害が大きい戦争になった。

同年に憲法修正第一三条で奴隷制度が公式に終わったが、南部はその後も人種隔離政策で強い人種差別を続けていった。

内戦後の二大政党は、宗教と階級で差異を拡大していった。

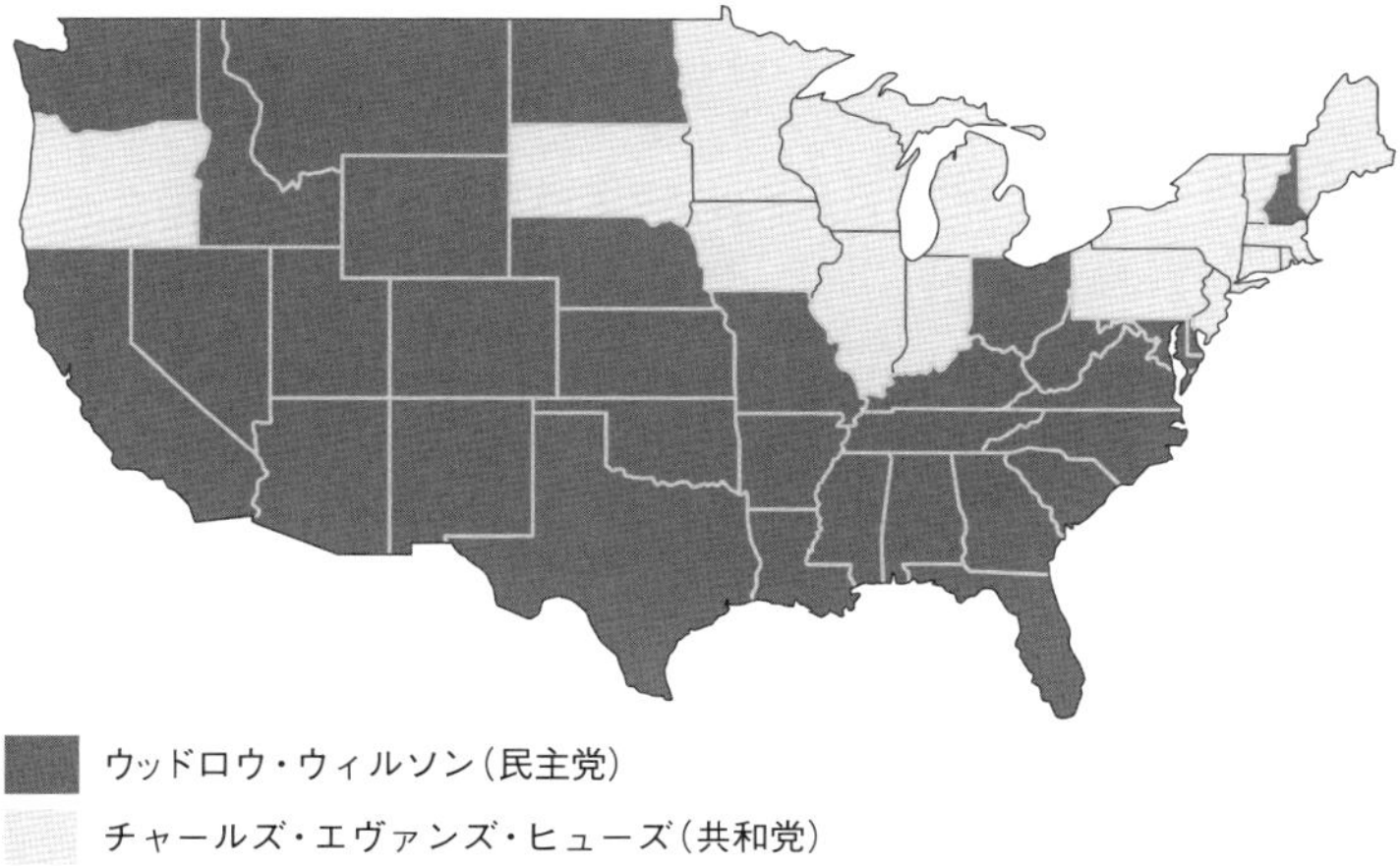

1916年大統領選（現役大統領ウィルソンの再選）

「プログレッシブ」な人種差別大統領（一九一三～二一年）

民主党のウッドロウ・ウィルソン大統領は、「プログレッシブ（進歩主義）」ムーブメントの先導者だった。二〇一六年現在のアメリカでは、「プログレッシブ」は民主党内での左寄り勢力のことだが、当時のプログレッシブ・ムーブメントは、児童労働法の向上、最低賃金引き上げ、女性の参政権、労働者の権利拡大などを求めるものだった。

現在の民主党とよく似た理念だが、南部バージニア出身のウィルソン大統領は、徹底的な人種差別者でもあった。そして、ウィルソン本人は、女性の参政権は連邦が決めることではなく、それぞれの州に決定権があるという立場だった。

当時の二大政党は、宗教と所得での分断が目立つ。

共和党——北部のメソジスト、会衆派、長老派、スカンジナビア・ルーテル派、などキリスト教プロテスタント。上流階級に支持層拡大。

民主党——カトリック、聖公会、ドイツ・ルーテル派など典礼的なキリスト教。労働者階級、低所得者層に支持層拡大。

大恐慌（一九二九〜三〇年後半）とニューディール政策（一九三二〜六〇年代）

第一次世界大戦の影響でウィルソンは人気を失い、戦後に共和党が政権を取り返した。共和党のクーリッジ大統領時代にアメリカは好景気を迎え、それを引き継いだフーバーも一九二八年の選挙に圧勝した。

だが、翌年の一九二九年一〇月二九日に株が大暴落し、大恐慌が始まった。この経済不況は第二次世界大戦勃発まで続き、アメリカ史上もっとも長い不況になった。

大不況のさなかの一九三二年に起こった大統領選では、民主党のフランクリン・ルーズベルト（愛称ＦＤＲ）が大勝利を収めた。

ルーズベルト大統領が国民に約束した「ニューディール（新規まき直し）政策」は、公共事業による大規模雇用、労働環境の改善、労働者の権利拡大、失業者への手当給付などだった。「社会保障（social security）」を始めたのも、ＦＤＲだった。

連邦政府が大きな権限を持ち、雇用政策や厚生福利を推進するという「大きな政府」のコンセプトも、このときに民主党の特徴として定着した。

ニューディール政策を支持する利益集団の連合

- 労働組合
- ブルーカラー労働者
- マイノリティ
- 農場経営者
- 南部出身の知識層
- 福祉の受給者

フランクリン・ルーズベルトは、選挙に四回当選し、任期中に急死するまで大統領を一二年務めた。その後、一九五一年に憲法修正第二二条が成立し、大統領の任期は二期を超えてはならない（前任者の残りが二年以下の場合は、引き継ぎ＋新たに二期で一〇年まで務めることが可能）ことになった。

「ディキシークラット」の謀反による民主党の弱体化（一九四八年）

第二次世界大戦中に急死したルーズベルト大統領の後を継いだハリー・トルーマンは、日本では原爆投下を承認した大統領として有名だ。後に大統領になったアイゼンハワーなどの共和党の政治家らは、モラルの点からも、戦略からも原爆投下には強く反対していたという。

前任のＦＤＲと異なりカリスマ性が欠けていたトルーマンは、ニューディール政策の信奉者でもなかった。人気がなく再選が危ぶまれた彼は、一九四八年の大統領選の戦略として「公民権法」を政策に掲げた。奴隷制度の文化を引き継ぐ南部（ディキシー）の民主党員（デモクラット）は、それに反発して党を離脱し、「ディキシークラット」という新党を作った。「連邦政府は南部のやり方に口を出すな」という主張であり、民主党内にある大きな亀裂が明らかになった。

共和党は経済的には規制に反対する自由企業経済主義だったが、こちらのほうも、ニューディール政策に真っ向から反対する派と穏健派との間で分裂状態になっていた。ようやく民主党から共和党に政権を取り戻したのが、ドワイト・アイゼンハワー大統領（愛称アイク）だった。カリスマ性があり、人気者だったが、軍人出身の彼は特に業績も残さず、あまり高く評価されなかった。

しかしながら、第二次世界大戦で連合国遠征軍最高司令官を務めた経験があるアイゼンハワー大統領は、冷戦時代のさなかでも対外的な強硬策は取らず、過剰な反共産主義（赤狩り）であるマッカーシズムに対抗した。それは評価されているが、キューバ革命に成功したフィデル・カストロを冷遇し、キューバがソ連と友好関係を結ぶきっかけを作ったのはアイゼンハワーだった。

若きカリスマ、ジョン・F・ケネディの登場（一九六〇年）

一九六〇年の選挙では、アイゼンハワーの副大統領だったニクソンが楽勝すると見られていた。ところが、四四歳の無名の新人であるジョン・F・ケネディが勝つという劇的な選挙になった。大統領ディベートが初めてテレビ放映された選挙でもあり、討論の内容より、テレビのイメージが視聴者の心境を変えたと言われている。当時は、民主党のケネディのほうが共和党の前任者よりも冷戦時代のタカ派だった。彼が「アポロ計画」を推し進めたのも、ソビエト連邦との宇宙開発競争に勝つためだったと言われる。

ケネディの最大の貢献は公民権運動の支援だった。キング牧師の支援者でもあり、連邦政府の幹部に黒人を積極的に任命し、人種差別主義者の暴動には軍隊を出動して鎮圧した。外交面での優柔不断さが目立ち、ベトナム戦争を泥沼化させたが、ソ連との核戦争勃発の恐れがあった「キューバ危機」を回避したことでは評価されている。

ケネディの負の遺産を引き継いだ不運なジョンソン（一九六四年）

暗殺で死去したケネディ大統領の後を継いだ民主党リンドン・ジョンソン大統領は、公民権運動も引き継いだ。テキサス出身なので地元では勝ったが、それ以外のディープサウスを失ったのはそのためだ。

ジョンソンは、公民権法を通し、社会保障や福祉保険を次々と実現させていった。高齢者の医療費を補助する「メディケア」、低所得者の食費補助の「フードスタンプ」、低所得者の早期教育を支援する「ヘッドスタート」など、二〇一六年現在まで続いている重要な福祉政策を議会に承認させ、貧困者救済を行ったジョンソンの政治手腕は、ＦＤＲと同等かそれ以上といわれる。だが、残念なことに、ベトナム戦争がジョンソンの足を引っ張った。

ジョンソンが再選を断念した後、「ベトナム戦争を終わらせる」という公約で一九六八年と一九七二年の選挙で当選したのが共和党リチャード・ニクソン大統領だった。

「ベトナム戦争を終わらせる」と約束して圧勝したニクソン（一九七二年）

一九六八年は、人種隔離政策を掲げたアラバマ州知事のジョージ・ウォラスがディープサウスの五州で勝つという荒れた選挙だったが、七二年にはニクソンが、マサチューセッツ州とワシントンDCを除くすべての州で勝利する圧勝だった。なぜなら、選挙寸前に「ベトナム戦争を終わらせる計画」を公表したからだ。実際は口先だけの約束だったが、それに惹かれた国民は多かった。

過去何回かの大統領選で民主党のボランティアをしている六〇代後半の女性が、大学生だった当時のことをこう語ってくれた。

「これまでの人生で、共和党の大統領候補に投票したのは、あのときが初めてだった。ともかく私は怒っていた。ベトナム戦争と、それに加担して嘘をつく政府に。だから、戦争を終えると約束したニクソンに票を投じた」と。

七三年に実際にベトナムから撤退したニクソンだったが、任期を満了することなく、七四年に辞任した。自分の選挙陣営の者が、ワシントンDCのウォーターゲートビルにある民主党全国委員会本部に盗聴器を仕掛けるために潜入した「ウォーターゲート事件」の責任を取ったのだ。

正直者とポピュリストの時代（一九七六、一九八〇、一九八四年）

南部ジョージア州知事だった民主党指名候補のジミー・カーターは、まったくの無名だった。彼はバプティストとして宗教心があつく、ピーナッツ農場主であった。正直者のイメージのカーターは、ウォーターゲート事件後のアメリカ国民には新鮮に映った。国民が正直者を選んだのが、一九七六年の大統領選だった。

カーターは、人格的には尊敬されていたが、イランアメリカ大使館人質事件で救出に失敗し、アフガニスタン紛争も許したことで、「弱腰外交」と非難された。外交だけでなく、経済でも失敗が目立ち、民主党員からも見離されるようになった。（カーターは、大統領をやめた後の外交のほうが評価されており、二〇〇二年にはノーベル平和賞を受賞した）。

正直者のカーターにがっかりしているアメリカ国民の前に登場したのが、俳優のキャリアがあるロナルド・レーガンだった。レーガンは、民主党員からの票も大量に集めて、一九八〇年の選挙で圧倒的な勝利を収めた。このときに優柔不断なカーターを見捨ててレーガンに投票した民主党員は「レーガン・デモクラット」と呼ばれた。

レーガンは、南米の社会主義や反体制ゲリラに対しては極端にタカ派だったが、親米の諸外国には非常にフレンドリーだった。イギリスのマーガレット・サッチャー、日本の中曽根康弘とは親交があつく、日米関係も良好だった。日本には、今でも共和党政権を望む声があるが、それはこの時代の記憶が強く残っているからだろう。

レーガンの快挙は、強硬だった対ソ連政策を緩和してゴルバチョフ書記長と友好関係を結び、冷戦を終結させたことだった。これを機にソ連の改革が進み、一九九一年にソ連は解体した。

第二次世界大戦後からこの時期にかけて、共和党は不満を抱く南部の民主党員を積極的に取り込んでいった。

経済最優先の民主党大統領ビル・クリントン（一九九二〜二〇〇〇年）

レーガン政権で副大統領だったジョージ・H・W・ブッシュは、レーガンの後を継いで一九八八年の選挙に勝ったものの、中東戦争と経済政策での失敗で人気を失い、一九九二年の選挙で南部アーカンソー州知事のビル・クリントンに敗北した。

クリントンは、全米では無名の存在だったが、カリスマ性だけでなく、チャーミングな魅力があった。そして、これまでの民主党の大統領とは異なり、「中道穏健派」のリベラルだった。

彼自身が南部の貧しい家庭の出身であり、5章で紹介する「ヒルビリー」だった。クリントンが南部ルイジアナからアーカンソー、ミズーリ、アイオワ、ミネソタで勝ったのは、ミシシッピ川に沿って移住した白人労働者たちが感情移入できる身近な存在だったこともある。

これまでアメリカの主要産業だった重化学工業の未来が暗いことを理解していたクリントンは、新しい産業であるＩＴ産業を推し、それが「ドットコムブーム」の好景気と経済成長をもたらした。非常に人気がある大統領だったが、女性スキャンダルで弾劾裁判にかけられた。

得票数で勝った候補が負けた大統領選（二〇〇〇年）

二〇〇〇年のジョージ・Ｗ・ブッシュと、クリントン政権で副大統領だったアル・ゴアの対戦は、史上最も接戦だった。八年間の好景気と平和で「誰が大統領になってもそう変わらない」という無関心さが蔓延していたこともある。最終的にはフロリダの勝敗が選挙を決めることになったのだが、その差は一〇〇〇票程度で、数え間違いの範囲だった。ゴアはフロリダでの再集計を求めたのだが、当時のフロリダ知事はブッシュの弟ジェブだった。その影響もあり、再集計は行われなかった。かくして、全米での得票数ではゴアが勝っていたにもかかわらず、最終的にゴアが敗北宣言をし、ブッシュが大統領に就任することになった。

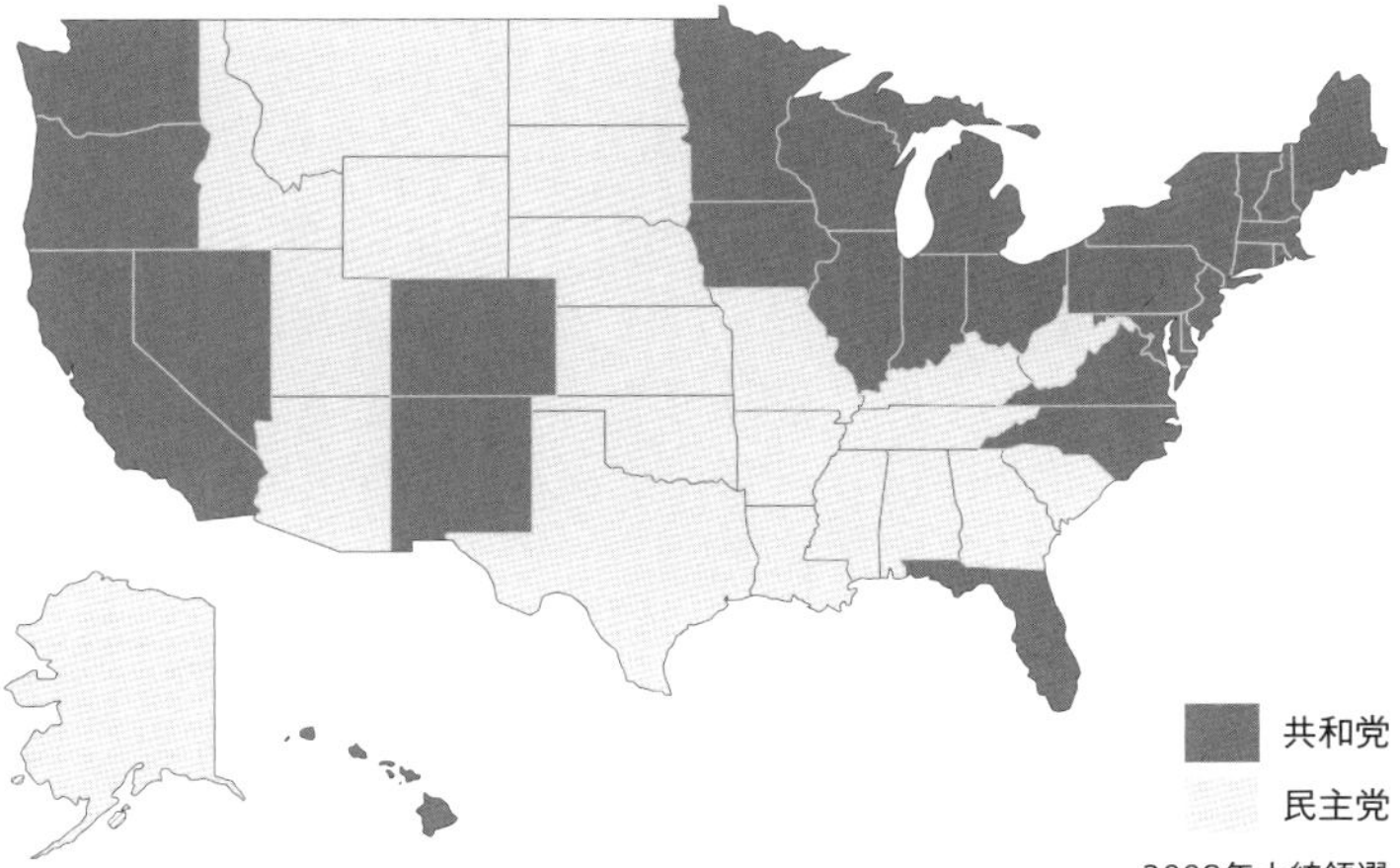

2008年大統領選

そして、二〇〇一年にニューヨークで同時テロが起こり、二〇〇三年のイラク戦争勃発に繋がった。

「赤い州、青い州」という名称は、この選挙のときに始まった。

「変化」を約束した初の黒人大統領の誕生（二〇〇八年）

好景気で楽観的な雰囲気が漂っていたビル・クリントン時代に続くジョージ・W・ブッシュ大統領の八年は、イラク戦争、大幅な赤字、金融危機、不況……という暗い時代だった。

そこに現れた若き連邦上院議員の黒人のバラク・オバマは、希望を与える力強いスピーチを行い、熱狂的な支持を集めていった。

「初めての黒人大統領の誕生」という歴史的

な意義もあり、アメリカだけでなく全世界から注目を集めた選挙だった。

二〇〇八年にオバマがジョン・マケインに勝った選挙マップを南北戦争時代のものと比べると、あることに気づくはずだ。

奴隷制度があった地域で共和党のマケインが勝ち、奴隷制度が禁止されていた州ではオバマ大統領が勝ったのだ。南北戦争の時代と、共和党と民主党の立ち位置は逆転している。そして、一五〇年も経った現在でも、黒人への差別が根強く残っているのを示している。

さて、それでは二〇一六年の選挙マップはどのような結果になるだろうか?

これらの歴史的な流れを参考に、18、19、20章をお読みいただきたい。すると、現在のアメリカの抱える問題がさらにわかりやすくなるだろう。

3 アメリカの政治家はリビングルームで育つ

建国のときの理念

少し前に、私が暮らすマサチューセッツ州レキシントン町の教育委員長トム・ディアスからサミュエル・アダムスについて興味深い話を聞いた。レキシントンは、アメリカ独立戦争が勃発した町で、公立学校の学力が全米で最高レベルだということで知られている。だが、ディアスは、公立学校にはもっと重要なことを教える義務があると言うのだ。

建国の英雄のひとりサミュエル・アダムスは、「ボストン茶会事件」の首謀者で、後にマサチューセッツ州の知事になった。奇しくも、独立戦争が始まった朝、アダムスはこの町に身を隠していた。

アメリカ独立のために奔走しているとき、アダムスが気付いたのは「市民が無知だと、自由や民主主義のコンセプトを理解することさえできない」ということだった。そして、「知識が普及し、徳が順守されれば、誰も従順に自由を引き渡したり、簡単に抑制されたりはしないだろう」と書き残している。アダムスは、民主主義を行うために、その準備段階としてまず実行者の市民を教育しようと思いつき、合衆国憲法よりも七年も前の一七八〇年に批准されたマサチューセッツ州憲法の中に、公教育の義務を記した。

建国と同時に生まれたアメリカの公教育は、手に職をつけるためではなく、民主主義を遂行できる市民を育てるためのものだったのだ。

ディアス教育委員長は、「アメリカ人に尋ねれば、民主主義とは戦ってでも守るべき大切なもの、と答える。年収数億円の国際ビジネスマンでも、生まれた町から一歩も外に出たことのない無教養な田舎者でもこの価値観は変わらない」とも語った。

だが、建国時にアダムスが直面した深刻な問題は、情報化社会の現代のアメリカにも存在する。今回の選挙では、ニューヨーク・タイムズ紙やワシントン・ポスト紙といった新聞よりも、出所が不確かなネットの情報を信じる人が目立った。ソーシャルメディアだけでなく、選挙ラリーで会った有権者らは、「既存メディアは信用できない」と言い、熱意をこめて根拠がない陰謀論を語った。トランプの支持者には特にその傾向が強く、彼らは立法・行政・司法の三権分立や、大統領の権限、民主主義のコンセプトもあまり理解していないようだった。そして、政策よりも候補を好き嫌いで判断する傾向があった。

レキシントン町の公立学校で育った若者からも今回の大統領選について話を聞いたが、彼らは最初から候補の政策と行動力重視だった。彼らは「これは人気コンテストではない。候補が大統領という職業を得るための面接ととらえるべきなのだ」と。彼らがそういう考え方ができるようになったのは、公立学校での教育に幼稚園時代から「公民教育」が取り入れられていたからだろう。レキシントン町では、幼稚園のときから、年齢に応じたレベルで、「国と地方自治体はどうやって運営されているのか」を繰り返し学ぶ。地元の政治家が教室で説明したり、遠足したり、自分で調べてレポートを書いたりする。大統領選のときには18章に出てくる「子ども大統領選」の投票を行い、町の政治に参加する機会もある。

アメリカの民主主義をささえるもの

ディアスの話を聞いているうちに頭に浮かんだのは、「民主主義」のコンセプトの違いだ。アメリカ合衆国と日本はどちらも民主主義国家ということになっているが、両国の民主主義は根本的に異なる。アメリカ合衆国の民主主義は、イギリスの支配に耐えきれなくなったサミュエル・アダムスやミニッツマンたちが命をかけて戦って勝ち取ったものだが、日本の民主主義は第二次世界大戦で他国に負けて押しつけられたものだ。この違いは大きい。

公立学校に対しても、私たち日本人は受け身である。保護者は、不満があると学校に怒鳴りこんだり、陰口を言ったりはするが、学校と一緒になって状況を積極的に改善しようとはしない。また、変えることが可能だとも思っていない。そこには信頼感がないからだ。

レキシントン町の住民にとっては、そういう日本人の感覚のほうが不可解のようである。

「私立学校は、どんなにすばらしくても、親は一方的に学校の方針に従うしかありません。嫌ならやめるしかない。けれども、公立学校は、住民のものです。住民や親に変える力があるのです」とディアスが言うとおり、町民はレキシントン公立学校の方針から教育長や校長の雇用まですべての過程に口も手も出す。

教育長を雇うときにも、教育委員に任せっぱなしにはしない。どんな人物を雇うべきかその条件を決める委員会にも希望者が参加する。集まった多くの履歴書から候補を少数に絞る委員会、面接をして最終候補に絞る委員会にも、必ず一般の町民と学生代表が含まれている。最終候補の談話会には飛び込みで自由に質問し、教育委員会による公開面接では、「この候補のこの部分が良い」といった意見を書面で提出する。

最終決定を下す教育委員会の会議も公開で、学生代表も教育委員と同じ重みを持つ一票を投じる。

教育委員と学校の関係だけではない。町の運営そのものが参加型の民主主義なのだ。

この町には「町長」という職がない

町を運営するのは、町議会（Town Meeting）、行政委員会（Board of Selectmen）、タウンマネジャー（Town Manager）の三つの部門である。予算や条例を決めるのが町議会で、町の方針を決めるのが行政委員会、行政委員会の監督のもとに直接町政を運営するのがタウンマネジャーだ。

日本人にとってたぶん意外なのは、給与をもらっているのがタウンマネジャーだけという事実だ。住民の直接選挙で選ばれる二一人の町会議員と五人の行政委員は、すべて無給のボランティアである。

幼稚園から高校まで一環した町の公立学校システムも、同じような形で運営されている。町議会が可決した予算の詳細と学校の方針を決めるのは選挙で選ばれた無給ボランティアの五人の教育委員で、学校の具体的な運営の責任者が有給の教育長だ。

また、町の方針を決める行政委員のために情報を収集し、政策の提案をする委員会は五〇以上あり、約三〇〇人の住民ボランティアがそれらの委員会で働いている。教育委員に報告する委員会、臨時委員会、学校のマンパワーとして重宝されているPTO（日本のPTAに匹敵するが、活動内容は非常に異なる）まであわせると、住民の成人人口の一〇%ほどがボランティアとして活動しているとのことだ。

私も上記の委員会のいくつかに加わっていたので、お休みしている今でも「わが家で行政委員候補を招いたcandidate coffee（候補者との交流会）をしますから来てくださいね」といったEメールの招待状が届く。

この「candidate coffee（省略してCoffeeとも呼ばれる）」とは、立候補者をふつうの家庭のリビングルームに招いて話を聞くという、アメリカでは馴染み深い選挙活動である。候補者を応援する人がホストになり、参加した人は、お茶やコーヒー、お菓子を楽しみながら候補者のスピーチに耳を傾け、質疑応答する。自宅という親密な環境なので、質問もしやすく、候補の人柄もわかりやすい。候補者をしっかり見極めてから応援するかどうかを決めたい人は、大きな会場での演説よりCoffeeを重視する。

Coffeeに招待されて来るのは元々政治に興味がある人であり、すでに人脈を持っている。この場で候補を気に入れば、彼らは積極的な戦力になる。だからCoffeeはとても重要なのだ。「小さな町の政治なんかさほど重要ではない」と否定するのは気が早い。国や州を動かす政治家たちも、実は小さな自宅のリビングルームから生まれることがあるのだ。

自宅のリビングルームから生まれた連邦上院議員

ある企業のイベントでチェルシー・クリントンの講演があった。ビル・クリントン元大統領とヒラリー・クリントン前国務長官のひとり娘で、マッキンゼー・アンド・カンパニーなどいくつかの職場を体験し、現在はクリントン財団の副会長を務めている。

良い席を取りたくて早く到着したら、早すぎたようで飲み物販売カートを押している女性以外だれもいなかった。

「あら、私が一番乗りなの？」と笑いながらその女性に声をかけたら、「そうだけれど、どこにも行かないほうがいいわよ。そういう間に長い列ができちゃうものだから。せっかくのチェルシーを後ろのほうで見たくないでしょ」とアドバイスしてくれた。

「あなたもチェルシーの講演を聞くんですか？」と尋ねると、キャロルというその女性は「残念だけれど、仕事中だから無理。でも、お母さんのヒラリーの講演はずっと前に聞いたわよ。現存の政治家の中では最も頭脳明晰。地元ウェルズリー大学が誇る卒業生だもの」と弾んだ声で答えた。

キャロルの甥はニューヨーク市の労働組合で働いているが、ヒラリーがニューヨーク選出の上院議員だったころ「難しい問題で困ったら必ず直接ヒラリーに相談する。すると必ず解決する」と言っていたという。政治が大好きなようで、シリア難民への援助など強い意見も持っている。キャロルのおかげで待ち時間が楽しくなった。「ヒラリーには女性として初めての大統領になってほしいけれど、じつは彼女よりも応援している女性がいる」

とキャロルは言った。

「むかし、姪が『すばらしい人がいるから、ぜひ講演を聴きに行って』というので出かけて知ったのが、エリザベス・ウォーレン。彼女がまだ教師だったころよ」

ウォーレンは、かつては破産法を専門とするハーバード大学ロースクールの教授で、消費者金融保護局の設立にも貢献し、タイムズ紙で「世界で最も影響力がある一〇〇人」にも二年連続で選ばれた。現在はマサチューセッツ州選出の連邦上院議員を務めている。巷では「ウォール街を占拠せよ」運動の思想的指導者として知られる。

当時大学教授だったウォーレンの情熱的なスピーチに感動したキャロルは、講演の後ウォーレンに近づき、連絡先を書いた紙を渡してこう言った。

「あなたは政治家になるべきよ。立候補するつもりになったら、わが家でCoffeeをしたいから連絡して」

ふつうならこれで終わるものである。ところが二年後キャロルのところに電話がかかってきた。ウォーレンの選挙事務所からで、彼女が上院議員に立候補するからぜひ約束のCoffeeをしたい、という申し出だった。そしてウォーレンはボストンの小さな家庭のリビングルームで地元の人とざっくばらんな会話をし、二〇一二年にマサチューセッツ州選出の上院議員に選出された。

ウォーレンは大学教授がスタート地点だったが、町のボランティア委員からスタートして州の議員、連邦の議員になる人は少なくない。そういった政治家たちは、ふつうの家のCoffeeを踏み台にするだけでなく、選ばれてからも地元に戻って住民の話を聞き、困っている人があれば助ける。

レキシントン町選出の州議員ジェイ・カウフマンは、現在の政治をわかりやすく説明し、対話する無料プログラムの「Open House」を実践しているだけでなく、小、中、高校を訪問して自治体や国がどのようにして動いているのかを教育している。高校生の取材にも気軽に応じ、町の草の根運動のミーティングにも来て協力してくれる。こういった継続的なコミュニケーションで、彼らは政治家としての信頼を積み上げていく。

キャロルのような一般市民の「わたしたちが（ボランティアで）政治家を育てている」というプライドが、他国の人が知らないアメリカの民主主義の特徴でもあるのだ。

ボランティアが参加する地上戦

娘が町の公立小学校に通っているとき、小学校の「反偏見委員会」から招待されて委員になった。校長、教師、親たちで構成されるこの委員会では、互いをファーストネームで呼び合い、気さくに差別やいじめ対策を語り合い、教育や教材を検討した。委員になった親には、四人の子どもがいる同性カップル（当時はまだ同性結婚は合法化していなかった）、ヒスパニック系移民、アジアから養子を引き取った白人、発達障害の子どもがいる人、などがいた。つまり、偏見の対象になる子どもたちを代弁・擁護するアドボケイトの立場にいる人たちだった。

このとき一緒に働いたレイチェルという女性からの誘いで、ヒラリーの地上戦に参加することになった。

日本では馴染みが薄いこの「地上戦」について、簡単に説明しよう。地域により異なるが、基本的には次のような活動だ。

1、家を一軒一軒訪問して投票を呼びかけるキャンバシング（canvassing）
2、電話で有権者に語りかける電話バンキング（telephone banking）
3、有権者登録（voter registration）の促進

アメリカには住民票はなく、投票するためには有権者登録をしなければならない。だが、州によっては、パスポートや運転免許証のような本人を確認できるＩＤが必要な場合があ

る。とくに、民主党の支持基盤である低所得者や高齢者はIDを持たない人が多い。彼らが登録するのをサポートすることで、結果が大きく変わる場合がある。

私は隣接するニューハンプシャー州でキャンバシングに参加した。ここは、二〇〇〇年の大統領選の勝敗を決めた州として知られる。ジョージ・W・ブッシュが七〇〇〇票とい う僅差でアル・ゴアを破ったが、「どちらが大統領になっても変化はない」と左寄りのリベラルに呼びかけた緑の党のラルフ・ネーダーが二万二〇〇〇票も獲得した。ネーダーがゴアからこれだけ多くの票を奪わなければ、ゴアが大統領になっていたはずだったのだ。ニューハンプシャー州に割り当てられた選挙人はたった四人だが、それほど重要な州だ。

キャンバシングでは、まず自己紹介をする。ここで、給与をもらっているスタッフではなく、民主党のボランティアであることを明らかにしなければならない。次に、投票するかどうか、そして、投票する場合の意向についてたずねる。重要なのは、自分の意見を言わず相手が話したいことを話させることだ。「耳を傾けることが重要」と念を押される。もし決断を迷っている人がいて、話を聞いてくれそうな態度であれば、なぜ自分がヒラリーを支援するのか説明する。「相手の意見を決して否定してはならない」とも注意される。「共和党に決めている」など、門前払いの態度の人がいたら、相手の心を変えようとせず、「お時間ありがとうございました」と丁重に礼を言って去る。

地上戦で会ったエリザベス・ウォーレン（中）と。

「候補を代表しているということを忘れず、礼儀正しくふるまう」というのも、何度も念を押された部分だった。

地上戦には、政治家も応援に駆けつける。私は、ニューハンプシャーの地上戦で、前述のキャロルがリビングルームに招いたウォーレンに会った。

ヒラリーが敗北した五日後に、地上戦に参加したボランティアたちの集まりに行った。

選挙戦の予測どおりなら、勝利を祝うパーティのはずだった。だから集まりに来る人は少ないだろうし、お通夜のような雰囲気だろうと思った。ところが、この町のボランティアだけなのに、一〇〇人を超える人が集まったのだ。みな「悪夢が覚めない感じだ」、「これほど落ち込んだのは、同時テロ以来初めて」と言うが、すでに「次は何をするべきか？」と先のことを考えている。「トランプは高所得者のための減税をするので、労働者との収入格差はさらに広まる。それに、帽子からうさぎを出すマジックのように職を作ることなどできない。私たちが考えなければならないのは、取り残された労働者階級をどう救済するのかだ」というスピーチもあった。

町のボランティアのまとめ役の女性は七〇歳を超える高齢者だが、未来を決して諦めてはいない。「今回の選挙では、しっかりと調査してニュースを伝える新聞の重要さがさらに際立った。いまの人は新聞を読まないので、どんどん新聞社のリソースが減っている。私たちがニューヨーク・タイムズ紙などの新聞を購読して支えることも、民主主義にとっては重要なこと」と語った。

ほかの出席者からも、「三〇年叩かれ続け、それでも立ち上がって戦い続けたヒラリーのことを思えば、この程度の敗北で落ち込んではいけない。トランプ大統領とペンス副大統領によって抑圧されるグループに寄付し、ボランティアで協力しよう」という意見が聞こえてきた。

「一九六八年にニクソンが勝ったときにはがっくりしたが、それでも朝は来た。今回も世界の終わりではない。二年後の中間選挙と四年後の大統領選のために今日から働きはじめよう」とリビングルームで語り合う人たちは、そう簡単には民主主義を見捨てないのだ。

II

分断するアメリカ

4

トランプ現象を生んだ部族化するアメリカ

「はじめに」で書いたように、共和党か民主党の二つの政党に属さない候補者が大統領に選ばれるのはほぼ不可能と考えられている。もっとも成功したのは一九九二年のロス・ペローだったが、彼も一州として勝つことができなかった。

それがわかっているので、ドナルド・トランプは共和党、バーニー・サンダースは民主党から出馬することを決めたのである。

二大政党に加わった彼らの動機は「大統領選で勝てる候補になること」であり、党の方針や信念を信じていたのではない。彼らには、自分が加わった党に対する忠誠心ももちろんない。

これらは、彼らのその後の言動を理解するうえで非常に重要な部分だ。

現在のアメリカを分けるのは保守とリベラルではなく「部族」

共和党と民主党の二大政党制の限界と改善策を語るとき、これまでは「中道」の第三政党の誕生が語られてきた。どちらの党にも属していない無所属の国民の大部分が「中道」だったからだ。ところが、二〇一六年の大統領選で起こった珍現象は、「中道」の第三政党の誕生ではなかった。極右と極左の活躍でもない（漁夫の利として票は得ているが）。

今回の選挙は、「部族間の抗争」だったという見方がある。

「部族」という表現を使ったのは、保守の立場から政治を分析するコメンテーター、ブロガーとして有名なマット・ルイスだった。

ルイスは、現在の政治の雰囲気を「かつては政策とイデオロギーについての高尚な論争だったものが、もっと原始的なものに凋落した」と説明する。共和党の政治哲学だった「保守主義」は、今では「やっかいな極右のポピュリズム」にとってかわってしまったという。

ルイスによると、現在存在しているのは、共和党や民主党ではなく、「労働者階級の白人」と「マイノリティと高等教育を受けたエリート」の二つの「部族」だ。「労働者階級の白人」という部族のポピュリズムがトランプ現象を生んだというのがルイスの説だ。

私も、予備選で共和党と民主党五人の候補のイベントに参加して、アメリカ国民の「部族」化を肌で感じた。ただし、予備選における部族の数は、ルイスが言うように二つではなく、もっと細かく分かれていた。

彼らからじっくりと話を聞くと、アメリカ国民が持つ「アメリカ像」には、二つ以上のバラエティがある。世論調査や予備選の出口調査からも、その傾向が見えてくる。

それを念頭に、各党の候補を支援した「部族」を見てみよう。

予備選で候補が乱立した共和党

二〇一五年に出馬表明をした共和党候補は、なんと二二人だった。

八月に行われた最初のディベートに参加した候補は一七人で、世論調査での上位一〇人と下位七人の二つのグループに分けなければならなくなった。

これだけでも、共和党がバラバラになっていることがわかる。

その後、開幕戦に匹敵するアイオワ州での投票前に五人が脱落して一二人になり、ニューハンプシャー州の投票後まで残ったのは、ドナルド・トランプ、テッド・クルーズ、マルコ・ルビオ、ジョン・ケーシックの四人だけになった。

予備選でこれらの候補を強く支援したのは次のような人々だった。

トランプ部族——地方に住む、低学歴、低所得、労働者階級の白人男性。黒人、移民、イスラム教徒などに敵意を持ち、女性やLGBTQ（レズビアン、ゲイ、バイセクチャル、トランスジェンダー、その他のセクシャルマイノリティ）への差別心も強い。

クルーズ部族——中絶や同性愛に強く反対するキリスト教右派、原理主義者。トランプの支持者よりも、教育レベルと収入がやや高めの白人。

ルビオ部族——都市に住む、高学歴、高収入、軍事的タカ派の保守。ビジネス優先。成功を収めた裕福な移民。キューバ系アメリカ人。

ケーシック部族——政策とイデオロギー上の保守を信じる古いタイプの共和党員。高学歴、高収入の中道穏健派。

「よそ者」を歓迎した民主党

選挙が論理的なものであれば、それぞれの党で人脈があり、長いキャリアでの功績があり、政治資金をもっとも多く集められる候補が党の指名候補になるはずだ。

少なくとも、そういった候補のほうがはるかに有利だ。予備選が始まる前にヒラリー・クリントンとジェブ・ブッシュが有力視されていたのはそのためだ。

だが、民主党の予備選では、この大統領予備選の以前は「無所属」だったサンダースが、本命視されていたヒラリーに北西部や中西部の州で圧勝した。

共和党のように候補が乱立しなかった民主党では、二人の候補の支持者の違いがしだいに際立ってきた。

サンダース部族――収入格差がある現状に反発し、古い政治制度を、急速に、根こそぎ変えるべきだと考えるプログレッシブ（急進派、民主党内の左寄り勢力）。社会活動家・革命主義者。三〇歳以下の若者。白人が多い地域の労働者階級の白人。労働組合。民主党員ではない無所属。

クリントン部族――フェミニスト、イスラム教徒、ＬＧＢＴ、黒人、その他のマイノリティ。年配の女性。銃規制推進派。都市に住む高学歴、高収入、高年齢層のリベラル。長年の民主党員。都市部の低所得者。

部族化により、互いを理解するのを拒むようになったアメリカ人

たとえば、トランプのスローガンは「Make America Great Again（アメリカを再び偉大にしよう！）」だが、ここで言うアメリカと、サンダースのスローガンである「A Future To Believe In（われわれが信じる未来を！）」が実現しようとするアメリカはまったく違う。前者は「昔はよかった」という懐古主義、後者は自分たちが作る「未来」を夢見る革命思考だ。どちらの候補のスローガンに惹かれるかで部族が分かれる。

マルコ・ルビオのイベントに参加していた六〇歳前後の白人女性ハイジは、「高等教育を受けたエリート」であり、移民でもある。彼女は、ルビオが力説するように、アメリカとは「移民の情熱と努力が経済を刺激し、アメリカンドリームの実現で成長し続ける国」と語った。さらにハイジは、「私のようにドイツから合法的に移住して市民権を得た者と、不法移民とは違う。アメリカ国民として尊重されたかったら、合法的に来て、国に貢献できる国民になるべき。他人の税金で施しを受けようとする移民は排除して当然」と、移民なのに移民に対して手厳しい。

ヒラリーのイベントで出会ったのは、外見からはハイジとよく似た印象の六〇歳前後の白人女性の二人組だ。どちらもシャーロットという名前で高校の同級生だという。ひとりはニューハンプシャー、もうひとりはオレゴンに住んでいる。彼女たちが語るアメリカは、「人種、性、性的指向に関係なく、国民のすべてが平等に扱われ、互いの違いを歓迎できる国」だ。

ハイジとシャーロットたちは、白人だが、どちらもアジア系の筆者への偏見はないようで、フレンドリーだった。

ハイジは、iPhoneを取り出して、「ほら見て、素敵でしょう?」と(途中で予備選を脱

タウンホールミーティングで聴衆に語りかけるヒラリー。

落した）共和党唯一の女性候補カーリー・フィオリーナと一緒に写っている写真を見せてくれたし、オレゴン州から来たシャーロットも、同じように「ほら、見て」とヒラリーと一緒に写した写真を見せてくれた。

ハイジは、ヒラリーの話題になると「大嫌い！（Eメール疑惑で）逮捕されればいいのに」と顔色が変わる。シャーロットたちは「女性のくせに、女性が中絶を選ぶ権利に反対するのって許せないわ」と中絶反対の保守派に対しては痛烈だった。つまり、信じていることは異なるが、行動はさほど変わらない。

そのいっぽうで、「アメリカはかくあるべき」という定義は、収入格差やマイノリティの増加によりますます多様化してきている。

ケーシックのイベントで筆者の隣に座った六〇歳前後の白人男性は、ハイジやシャーロットたちとは違った。サンタクロースのような白い髭の彼は、筆者と目を合わせようともしないし、ボディランゲージからは敵意のようなものすら漂ってきた。

質疑応答になって、彼が手を挙げた。

「俺の職場にH1Bビザ（専門職向けの就業ビザ）の外国人エンジニアがいた。ビザは一時的な処置のはずだ。それなのに、俺が職を失って、やつは一〇年残っている。これは、おかしいじゃないか？　近所には、だんだん外国人が増えてきて、町の雰囲気も変わってしまった。あんたが大統領になったら、アメリカ人が外国人に職を取られないようにしてくれるのか？」

質問というよりも、怒りをぶつけているようだった。こんな恨みを語る男性にとって、アメリカとは「能力にかかわらず白人男性が職を保証されるべき国」なのだろう。

ニューハンプシャー州で出会った同世代の人々だけでもこれだけバラエティがある。さらに、第二次大戦後のソビエト連邦との冷戦、公民権運動、女性の人権運動を覚えている世代と、それらが「過去の歴史」でしかない世代では、「社会主義」や「平等」の捉え方が大きく異なる。

問題は、それぞれに自分たちが考える「アメリカ」こそが「真のアメリカ」であり、ほかの「アメリカ像」を受け入れることができない点だ。同じ「アメリカ像」を持つ人と一緒にいれば心地良いし、安心できる。だから、同じ「アメリカ像」を持っている人々が集まって「部族」を作る。

ソーシャルメディアが普及したせいで、似たもの同士が心地よい場所にこもって部族を作り、ほかの部族を敵視するのも簡単になった。そして、それらの部族を代表するのが、今回の大統領候補たちなのだ。

予備選では多くの部族に分かれていたが、候補が次々と脱落するにつれ、それらを支持していた人たちは、行き場をなくした。別の部族に加わればいいのだが、二大政党指名候補の「トランプもヒラリーも嫌い」という人が、いつもよりもずっと多かったのだ。それも、二〇一六年大統領選の特徴だった。

候補を紹介する次からの章は、こういった社会の状況を念頭に読んでいただきたい。

5 トランプ――時代に取り残された白人のヒーロー

天才的なマーケター

私が初めてトランプのラリーに行ったのは、まだ予備選の投票が始まっていない二〇一六年二月、厳冬のニューハンプシャー州だった。指定された空き地に駐車すると、スクールバスが待っていた。二〜三キロメートル離れた屋内テニスコート施設を利用した会場に連れて行ってくれる無料のシャトルバスだという。

通常の政治イベントは、ボランティアが行うのでしろうとっぽいのだが、トランプのラリーはロックコンサート運営のような手際良さだ。開場で列に並んで待つ間、「アメリカを再び偉大にしよう（Make America Great Again）」というスローガンが入った赤い帽子やトランプのロゴが入ったTシャツが買えるようになっている。トランプグッズを選んだり、屋台のホットドッグを頬張ったりする支持者のウキウキした雰囲気も、ロックコンサートそのものだ。美人コンテストのミス・ユニバースに出資したりカジノ・ホテルを経営するビジネスマンらしいと感心した。

会場に入るときのセキュリティは空港なみの厳しさだ。水のボトルやバックパックは禁止。携帯は爆弾ではないことを示すためにONにして見せないといけない。ようやく会場に入ると、ロックが大音響で流れている。ローリング・ストーンズの「スタート・ミー・アップ」、エアロスミスの「ドリーム・オン」、クイーンの「伝説のチャンピオン（ウィー・アー・ザ・チャンピオン）」といったお決まりの選曲だが、観客を昂揚させる歌詞とメロディなのは間違いない。アデル、ビートルズ、ニール・ヤング、REMなどの曲も流れ、会場はロックスターを待ち受ける雰囲気になる。流れている曲のアーティストの大部分がトランプ支持ではないのは確かだが、彼らが公式に「音楽を使わないでほしい」とトランプに訴えても、法的な手続きができるまでに大統領選は終わってしまう。だから平気で使っているのだろうと思った。

このロックな雰囲気は、共和党ライバルのジョン・ケーシックやマルコ・ルビオのイベントとはまったく異なる。ケーシックもルビオも自分の信念や方針を真面目に語るし、参加する有権者もシリアスだ。話題は国家予算、医療制度、税金、外交、と多岐にわたるが、トランプはそんな話はしない。ライバル候補の揶揄やマイノリティや移民批判の過激な発

ロックコンサートののりで盛り上がるトランプの支持者。

言で群衆を湧かせた。

そのときに気付いたのは、「大衆は、国家予算や外交政策の詳細なんか興味ない」ということだ。プロの政治家を胡散臭く思っているので、難しい話は「煙に巻こうとしているだけ」と感じてしまう。でも、トランプが「オバマ大統領や議会は大災難だ」と言えば、「自分が思っているとおりだ！」だと頷く。「メキシコが送り込むのは、ドラッグと犯罪とレイプ魔」「地球温暖化は、アメリカの競争力をなくすために中国が中国のために作ったコンセプト」「アメリカは日本が関税なしで何百万もの車を売りつけてくるのを許しているくせに、貿易協定を結べずにいる」「イスラム教徒のアメリカ入国を禁じる」といった暴言に対しても、「我が意を得たり！」という反応だ。彼らがずっと胸の内にしまってきたことを、トランプが代弁してくれているのだ。

このとき実感したのは、群集心理を察知する、トランプの天賦の才だ。

二〇〇八年のアメリカは、ブッシュ大統領が始めたイラク戦争に疲弊していた。だから、オバマが見せてくれた「希望」に飛びついた。でも、二〇一六年のアメリカはまったく異なるものを求めていた。それが何なのかを直感的に嗅ぎつけ、理解したのはトランプだけだった。私が「トランプは予備選に勝つ可能性が高い」と予測したのは、そのためだ。彼は天才的マーケターなのだ。

マッチョさで部族を率いたトランプ

4章に登場した政治コメンテーターのマット・ルイスによると、部族間の争いの問題は、政策やイデオロギーよりも「アイデンティティ」のほうが重要になることだ。そして、対立する部族間で敵意が強まることも。

彼は、予備選でのトランプの台頭についてこう説明した。

（ライバルとの戦いが多い）部族では、リーダーを選ぶときの基準は、経験や知恵ではなく力だ。現在私たちが目撃していることの大部分は、基本的にマッチョさ（男らしさ）という下劣なものなのだ。つまり、「あいつらは俺たちをやっつけようと企んでいる。だから、その前に一番タフな奴にやっつけてもらわなくては」という考え方だ。トランプの支持者は、政治の中枢にいるなよなよした候補者の中で、トランプだけを「アルファ（群れを支配する強いオス）」とみなす。それが支持者の主要な論拠なのだ。

それがトランプの初期の魅力だったのは確かだ。

だが、それだけでは、本選まで継続しているトランプ人気を説明できない。女性、イスラム教徒、メキシコ人、黒人、移民……とありとあらゆるグループを侮辱し、暴言を繰り返し、時事や政治で無知を晒していても、米国民の少なくとも四〇％が支持したのはなぜなのか？

トランプの支持基盤は「ヒルビリー」

トランプが予備選に勝ったころからに『Hillbilly Elegy（田舎者の哀歌）』（Harper、二〇一六年）という回想記が話題になり始めた。なぜなら、この本に出てくる「ヒルビリー」という人々が、トランプの最も強い支持基盤だとわかってきたからだ。

著者のＪ・Ｄ・ヴァンスは、由緒あるイェール大学ロースクールを修了し、サンフランシスコのテクノロジー専門ベンチャー企業のプリンシパルとして働いている。よくあるタイプのエリートみたいだが、そうではない。

ヴァンスの故郷ミドルタウンは、ＡＫスチールという鉄鋼メーカーの本拠地として知られるオハイオ州南部の地方都市だ。かつて有力鉄鋼メーカーだったアームコ社の苦境を、川崎製鉄が資本提携という形で救ったのがＡＫスチールだが、グローバル時代のアメリカでは、ほかの製造業と同様に急速に衰退していった。失業、貧困、離婚、家庭内暴力、ドラッグが蔓延するヴァンスの故郷の高校は州で最低の教育レベルで、しかも二割は卒業できない。大学に進学するのは少数で、トップの成績でもほかの州の大学に行くという発想などはない。大きな夢の限界はオハイオ州立大学だ。

ヴァンスは、そのミドルタウンの中でも貧しく厳しい家庭環境で育った。両親は物心ついたときから離婚しており、看護師の母親は新しい恋人を作っては別れ、そのたびに鬱やドラッグ依存症を繰り返す。そして、ドラッグの抜き打ち尿検査で困ると、当然の権利のように息子に尿を要求する。息子が拒否したら、泣き落としや罪悪感に訴えかける。母親代わりの祖母がヴァンスの唯一のよりどころだったが、一〇代で妊娠してケンタッキーから駆け落ちしてきた彼女も、貧困、家庭内暴力、アルコール依存症といった環境しか知らない。小説ではないかと思うほど波乱に満ちた家族のストーリーだ。
タイトルにもある「ヒルビリー」は田舎者の蔑称だが、ここでは特に、アイルランドのアルスター地方から、おもにアパラチア山脈周辺のケンタッキー州やウエスト・バージニア州に住み着いた「スコットアイリッシュ（アメリカ独自の表現）」のことである。ヴァンスは彼らのことをこう説明する。

貧困は家族の伝統だ。祖先は南部の奴隷経済時代には（オーナーではなく）日雇い労働者で、次世代は小作人、その後は炭鉱夫、機械工、工場作業人になった。アメリカ人は彼らのことを、ヒルビリー（田舎者）、レッドネック（無学の白人労働者）、ホワイトトラッシュ（白いごみ）と呼ぶ。でも、私にとって、彼らは隣人であり、友だちであり、家族である。

つまり、彼らは「アメリカの繁栄から取り残された白人」なのだ。
「アメリカ人の中で、労働者階級の白人ほど悲観的なグループはない」とヴァンスは言う。黒人、ヒスパニック、大卒の白人、すべてのグループにおいて、過半数が「自分の子どもは自分より経済的に成功する」と次世代に期待している。ところが、労働者階級の白人では四四%でしかない。「親の世代より経済的に成功していない」と答えたのが四二%だから、将来への悲観も理解できる。

悲観的なヒルビリーらは、高等教育を得たエリートたちに敵意や懐疑心を持っている。ヴァンスの父親は、イエール大学ロースクールへの合格を報告した息子に、「(願書で)黒人かリベラルのふりをしたのか?」と尋ねた。ヒルビリーにとっては、リベラルの民主党が「ディバーシティ(多様性)」という言葉で守り、優遇しているのは、黒人や移民だけなのだ。知識人は自分たちを「白いゴミ」としてばかにする鼻持ちならぬ気取り屋であり、自分たちが受けている福祉を守ってくれていても、ありがたいとは思わない。

彼らは「職さえあれば、ほかの状況も向上する。仕事がないのが悪い」と言い訳する。そんなヒルビリーたちに、声とプライドを与えたのがトランプなのだ。

トランプの集会に行くと、アジア系の私が恐怖感を覚えるほど白人ばかりだ。だが、列に並んでいると、意外なことに気づく。

みな、楽しそうなのだ。

トランプのTシャツ、帽子、バッジやスカーフを身に着けておしゃべりしながら待つ支援者の列は、ロックコンサートやスポーツ観戦の列とよく似ている。

彼らは、「トランプのおかげで、初めて政治に興味をいだいた」という人たちだ。「これまで自分たちだけが損をしているような気がしていたし、アメリカ社会にもやもやした不満をいだいてきたけれど、それをうまく言葉にできなかった」という感覚を共有している。「政治家の言うことは難しすぎてわからない」「プロの政治家は、難しい言葉を使って自分たちを騙している」「ばかにしているのではないか?」……。

そんなもやもやした気持ちを抱いているときに、トランプがやってきて、自分たちにわかる言葉でアメリカの問題を説明してくれた。そして、「悪いのは君たちではない。イスラム教徒、移民、黒人らがアメリカを悪くしている。彼らを贔屓して、本当のアメリカ人をないがしろにし、不正なシステムを作ったプロの政治家やメディアが悪い」と堂々と真実を語ってくれたのだ。

トランプの「言いたいことを隠さずに語る」ラリーに参加した人は、大音響のロックコンサートを周囲の観客とシェアするときのような昂揚感を覚える。ここで同じ趣味を持つ仲間もできる。しかも、このロックコンサートは無料なのだ。

「トランプの支持者は暴力的」というイメージがあるが、それは外部の人間に向けての攻撃性であり、お互い同士は、とてもフレンドリーだ。

この雰囲気は、スポーツ観戦とも似ている。特に「チーム贔屓」の心境が。レッドソックスのファンは、自分のチームをとことん愛し、ニューヨーク・ヤンキースとそのファンに強い敵意を抱く。この感情に理屈はない。

トランプの支持者と直接接触したことがあるので、ヴァンスの本を読んでいて、「同じ人々だ」と思った。ヴァンスが説明するアパラチア山脈のヒルビリーに限らず、白人が多い田舎町では同じようなトランプ現象が起こっている。

ヴァンスは家族や隣人として彼らを愛している。だが、「職さえあれば、ほかの状況も向上する。仕事がないのが悪い」という彼らの言い訳を否定する。社会や政府の責任にするムーブメントにも批判的だ。

困難に直面したときのヒルビリーの典型的な対応は、怒る、大声で怒鳴る、他人のせいにする、困難から逃避する、というものだ。自分も同じような対応をしてきたヴァンスが根こそぎ変わったのは、海兵隊に入隊してからだった。そこで、ハードワークと最後までやり抜くことを学び、それを達成することで自尊心を培った。そして、ロースクールでの資金を得るためにアルバイトしているときに、職を与えられても努力しない白人労働者の現実も知った。遅刻と欠勤を繰り返し、解雇されたら、怒鳴り込む。隣人たちは、教育でも医療でも政府の援助を受けずに自立できないのに、それを与える者たちに牙をむく。そして、ドラッグのための金を得るためなら、家族や隣人から平気で盗む。

彼らがそうなってしまったのは、子どものころから努力の仕方を教えてくれる者が家庭にいないからだ。

ヴァンスはこう言う。「僕のような子どもが直面するのが暗い将来だというのは統計が示している。幸運であれば福祉の世話になるのを避けられるが、不運なら、アメリカの多くの田舎町で起こっているように、ヘロインの過剰摂取で死ぬ」と。彼がアイビーリーグ大学のロースクールに行って弁護士になれたのは、彼がずば抜けた天才だったからではない。幸運にも、愛情を持って援助してくれた人たちがいたからだ。ヴァンスのように幸運でなかった者は、「努力はしないが、ばかにはされたくない」という歪んだプライドを、無教養と貧困とともに親から受け継ぐ。

この問題を、どう解決すればいいのだろうか？

ヴァンスは、ヒルビリーの子どもたちに行き場や、自分のようなチャンスを与えるべきだと考える。そして、悪循環を切るのだ。だが、その方法については「僕にも答えはわからない」と言う。「だが、まずオバマやブッシュ、顔のない企業のせいにするのをやめなければならない。そして、どうすれば改善するのか、自問するところから始めるべきだ」

アメリカの政治家が信頼を得るためには、こういったトランプの支持層を抑圧するのではなく、まず理解しなければならない。そして、彼らが持続できる本物のプライドを与えてやる必要がある。

でないと、ふたたび同じようなポピュリズムの候補が現れるだろう。

いっぽうで、トランプは高学歴、高収入の白人男性にも支持を広げていった。ハーバードやプリンストンなどの有名大学を卒業した中高年層のＷＡＳＰ（白人、アングロサクソン、プロテスタント）だ。

トランプの支持者はヒルビリーだけではない

彼らは、二〇〇八年にオバマ大統領が選挙に出馬したときから「オバマはイスラム教徒だ」、「オバマはアメリカで生まれてはいない」といった陰謀説のＥメールをしつこく友人や親族に送り続けた。私もいくつか受け取った。ヒルビリーとは異なり、おおっぴらに「トランプ支持」を口にしないが、ひそかに政治資金を寄付し、トランプに票を投じたのがこの人たちだ。

「アメリカを再び偉大にしよう（Make America Great Again）」というトランプのスローガンは、このグループには「アメリカを再び白人が支配する偉大な国に戻そう」と聞こえる。

少し前までのアメリカでは、白人男性が企業と家庭を支配し、有色人種やゲイを差別するジョークを自由に言え、白人だけが加入できる社交クラブに通い、美人の秘書にセクハラをしても許された。なのに、いまは、「ポリティカル・コレクトネス（政治的な正しさ）」

により、何をやっても「人種差別」とか「女性差別」だと糾弾される。彼らは、それを窮屈に思い、口にこそしないが、白人男性が特別な存在だった昔に戻りたいと願っている。

白人男性とその他のアメリカ人の軋轢は、今後「その他のアメリカ人」が増加するにつれ、ますます増加するだろう。それが収まるのは、多様性を受け入れて育ってきた新世代のアメリカ人がマジョリティになるのを待つしかないのかもしれない。

それまでの間、表向きだけであっても「多様性重視」というアメリカの価値観を続ける必要がある。でないと、人種差別や性差別が堂々と行われていた暗い過去に戻ってしまう。

6

サンダース――ミレニアル世代が愛する革命家

革命が望まれる環境

サンダースは、一九四一年生まれで現在七四歳のベテラン政治家だ。一九八〇年代にバーモント州バーリントン市の市長、一九九〇年からは連邦議会の下院議員、二〇〇六年からは上院議員を務めている。だから、政治家としてはヒラリーよりも長い経歴を持つ。

ビジネスマンのトランプのようなアウトサイダーではないが、大統領選に出馬する前は、ずっと党に属さない「無所属」だった。彼が二〇一五年に民主党に加わったのは、第三政党の候補として出馬しても大統領に当選する可能性はゼロであり、影響力もないと判断したからだ。

アメリカでは法案成立のためには上院と下院で過半数が賛成する必要があるのだが、二大政党間の対立が強くなっている昨今は、個人の意見より党の方針に従って投票することが多い。サンダースは無所属だが、北欧型の「社会民主主義」を理念にしているので、投票は民主党と同じことが多い。しかし、銃規制案反対など、過去には共和党寄りの投票もしてきた。「体制のいいなりにはならない」という態度を何十年も徹底し、言いたいことを言う。ベテランでありながらもアウトサイダーのサンダースは、民主党寄りのリベラルな有権者から、頑固者らしさが愛おしい、ローンウルフだと思われていた。

サンダースが大統領選への出馬を発表したときには、政治評論家たちは「絶対に勝ち目はない」と相手にもしなかった。ところが、予備選の投票が始まる前の二〇一五年末には、地元バーモント州と近隣の州（ニューハンプシャー、メイン、マサチューセッツ）などで何千人もの支持者を集めるラリーを行うようになっていた。それが、メディアに注目されてニュースになり、予備選の「皮切り」として重要なニューハンプシャー州では、本命のヒラリーに二五ポイントの大差をつけて圧勝した。

この驚くべき達成を可能にしたのは、「ミレニアル世代」と呼ばれる若者たちだった。特に初期は白人の男子大学生が多かった。

七四歳という高齢で、全米では無名に近いサンダースが、若者の熱狂的ファンを集め、革命のムーブメントを起こしている。それは、ヒラリー当確で退屈になることが予想されていた民主党予備選に興奮を与える。メディアは、このドラマに飛びついた。

テレビの政治番組で若者に人気がある女性司会者レイチェル・マドーのように、ロックスターに憧れるファンのような態度でサンダースに接する政治キャスターやコメンテーターも少なくなかった。リベラルなメディアのサンダースへの扱いは圧倒的に好意的だった。

サンダースのムーブメント

私がサンダースの情熱的な支持者に初めて出会ったのは、予備選投票を四日後に控えた二月五日で、ニューハンプシャー州での民主党のイベントだった。

マイナス一〇度の厳しい寒さにもかかわらず、会場の前には候補のボランティアたちがプラカードを持って立っていた。ここまではよくある風景だが、会場入り口に近づくと大音響で音楽が流れている。「政治イベントにしては現代的でヒップな曲だな」と思い見てみると、録音ではなく、テントでＤＪがプレイしている。テントにはサンダースの愛称「バーニー」と書いてあり、その前で若い女性がフラフープを回しながら腰をくねらせて踊っていた。

「どこかで見たような風景だ」と思って、すぐに気付いた。ロックコンサート、それもグレイトフル・デッドのコンサートだ。

ニューハンプシャーで出会ったサンダースの支持者たち。

グレイトフル・デッドは、一九六〇～七〇年代にかけて流行ったヒッピー文化とカウンターカルチャーを代表するロックバンド。この時代の若者はベトナム戦争で政府への不信感を募らせ、既成の社会体制を否定して新しい価値観を見出そうとしていた。それがカウンターカルチャーであり、ヒッピー・ムーブメントだった。

理想主義の若者にとって、サンダースが提案する北欧型の社会民主主義の実現は、「資本主義」で腐敗したアメリカを根こそぎ変える「革命」であり、「バーニー」はカウンターカルチャーのリーダーなのだ。

もちろんヒッピー時代との違いはある。二〇世紀のカウンターカルチャーの背景にはベトナム戦争があったが、徴兵制度がない今の若者にとって、泥沼化しているイラク戦争はさほど身近なものではない。それよりも、値上がりを続ける大学の授業料と就職難のほうが肌で感じる切実な問題なのだ。

トップ大学の学費は年間五〇〇万円を超え、学費ローンという借金を抱える大学卒業生は半数以上。卒業時点での借金の平均は現時点で五〇〇万円程度だという。しかも、アメリカでは、四年制の大学を卒業しただけでは高給の職には就けない。「海洋生物学を学んだのに、それを活かすためには大学院に行く必要があり、その資金を貯める就職先がない」と嘆く若者や、「非営利団体での仕事は楽しいけれど、給料が安いのでローンを返せない」とぼやく若者が筆者の知り合いにもたくさんいる。しかも彼らは、アメリカでは収入が上位一〇%に属する中産階級の子弟なのだ。

国民の収入格差は、現代アメリカが抱える深刻な問題だ。上位〇・一%に属する少数の金持ちが持つ富は、下位九〇%が持つ富の合計と等しく、七〇年代にはアメリカの過半数だった「中産階級」（調査機関ピュー研究所（Pew Research Center）の定義では、国民の平均年収の三分の二から二倍の収入がある層）が消えつつある。

サンダースは富の偏在についても語ったが、大衆に訴えかけやすい「九九%vs一%」という数字を使った。「近年では、経済がもたらす新たな収入の九九%は、上位一%に行っている」というものだ。それは、次のような公約とともに、不公平な時代に生まれたことに憤る若者たちにアピールした。

1、公立大学の学費を無料にする。
2、北欧のように国民全員が無料で医療を受けられるようにする。
3、中産階級から搾取して富を独占するウォール街を解体し、収入と富の平等を図る。

六〇年代の若者の敵は、戦争を続ける政府と黒人差別をする社会だった。サンダースを支持するミレニアル世代の最大の敵は、「上位一%に属する大富豪」であり、その一%を優遇する「ウォール街」だ。このあたりは、二〇一一年の「ウォール街を占拠せよ（Occupy Wall Street）」運動の流れを受け継いでいる。

「変化」を提供する「インサージェント候補」の魅力

「インサージェント」とは反政府の反乱軍といった意味があるが、「インサージェント候補」とは、もっとマイルドで、「現在の体制に反対し、変化を約束する候補」のことだ。

「現状維持」の候補に魅力がないのは明らかだ。だから、すべての候補が「変化」を約束する。

でも、それだけでは説得力はない。「インサージェント候補」には大衆を引き寄せるメッセージが重要であり、カリスマ性が必要だ。

たとえば、一九九二年のビル・クリントンと二〇〇八年のバラク・オバマがそうだ。二〇〇八年は、新人の上院議員で黒人のオバマが「インサージェント候補」になるのに、またとない社会情勢だった。

ジョージ・W・ブッシュの父であるジョージ・H・W・ブッシュ大統領から財政赤字を引き継いだビル・クリントン大統領の時代には、財政は黒字に転換し、ドットコム・ブームで若者にも高収入の就職先がたくさんあった。だが、ジョージ・W・ブッシュ大統領による減税、イラク戦争、ITブームの終焉で財政赤字と経常赤字は過去最高になり、サブプライムローンの不良債権化とリーマン・ショックの余波で多くの人が職と家を失った。

その暗い状況に現れたのが、バラク・フセイン・オバマだった。

当時の若者は、アメリカ史上最も人種への偏見が少ない世代だった。彼らは、自分たちの価値観を象徴するオバマに惹かれ、フェイスブックの自分のミドルネームを「フセイン」に変えるようなことも流行った。

オバマにはカリスマ性もあった。群衆を興奮させ、国民によりよい未来を信じさせてくれるオバマのスピーチは、まさに「救世主」の言葉だった。しかも、彼が当選すれば、黒人として初めての大統領になる。ラリーをするたびに、何万人もの人々が集まった。

だが、大統領選に出馬する前は、新人の上院議員に過ぎなかったオバマ大統領には、議会をあやつるための経験や人脈が欠けていた。しかも、黒人への偏見が強い右寄りの共和党議員からの強硬な抵抗にあい、なかなか公約を実現できなかった。

アメリカの経済は回復しているし、失業率も減少している。アメリカの経済の崩壊を防いだ金融機関への公的資金注入（TARP）は全額返還されていて、政府は利益まで作った。庶民の税金を浪費したわけではないのに、左寄りのリベラルは「金持ち優遇政策」と非難した。

メディアがそれらをしっかり伝えなかったために、国民は八年前に人々が「救世主」として歓迎したオバマ大統領に失望し、オバマ大統領批判ばかりで国民を救済しない共和党主導の議会にもフラストレーションを抱き、体制やプロの政治家への強い不信感を持つようになった。

その不信感が、有権者の「左でも右でも、党という組織に愛され、受け入れられているような人物は、腐敗している」という極端な見解を生み出し、アウトサイダーであるトランプとサンダースに「大きな変化」つまり「革命」を求めるようになったのだ。

政治の世界では「妥協」は必要不可欠だ。でないと、政策は実現しない。サンダースの「自分が正しいと思ったら、媚びず、妥協せず、譲らず、謝罪も言い訳もしない」という頑固さは、法案を可決するためには逆効果になることが多い。だが理想主義者たちにはピュアに見える。TARPに対する「金持ち優遇政策」というサンダースの非難も、支援者には「純粋な立場」に感じる。

サンダースが新しい「革命のリーダー」として若者をひきつけたのは、中道穏健派のオバマ大統領にはない、ピュアな頑固さだ。また、七四歳の高齢者、というのも、逆説的な魅力であり、ユニークなTシャツ、ツイッターでの写真、イラストなどの形でサブカル的にファン層が広まった。

サンダースの貢献

政治の世界では、若者は「あてにならない」と思われている。口では政治について語るが、実際には投票所に出かけない。

だが、二〇〇八年の選挙でオバマがその傾向を変えた。そして、二〇一六年の選挙ではサンダースが若者をひきつけた。ニューハンプシャー州のイベントで取材した若者たちの中には高校生や大学生が多く、彼らは、生まれて初めて体験する政治イベントでサンダースのスピーチを聴いたときから虜《とりこ》になってしまったファンだった。

彼らのほとんどが、家庭で政治について語り合ったこともなかったし、政治や社会正義のことなど考えたこともなかったという。政治に無関心だった彼らが、自分たちの社会や国がどう動いているのか考えるきっかけになったのが、サンダースだったのだ。

長年の民主党員たちも、サンダースによって新しい人々が加わることを歓迎した。新しい血が加わらないと、組織は古くなり、リーダーにとってやりやすいだけの官僚主義になっていくからだ。「党内に多様性があったほうが、組織としての民主党は強くなる」と考えている人は少なくなかった。

情熱的なサンダース支持者の共通点

サンダースの初期の支持者には若い白人男性が多かったが、そのうちに、女性やほかの年齢層にも支持者が広まっていった。

予備選中の取材で出会ったサンダース支持者には幅広い層があった。民主党はもっと左寄りになるべきだと考える知識層や、収入格差を改善しなければならないと真剣に考えている人たちは、予備選でサンダースに投票したが、本選ではヒラリー支持に移行した。

ヒラリー支持に強く抵抗した熱心なサンダース支持層は、どちらかというと、民主党のヒラリー支持者よりもトランプ支持者との共通点が多い。同様に、トランプの熱心な支持者は、共和党のマルコ・ルビオやジョン・ケーシックの支持者とはまったく異なる。

それが、今回の選挙の非常にユニークな点だった。

トランプとサンダースの情熱的な支持者の多くは、今回初めて政治に興味をいだいた人たちだ。初めて「ラリー」で候補のスピーチを聞いて感動し、ファンになった人が多い。

サンダースの支持者の場合には、特に次のような意見が多かった。

「これまで盲目的に民主党議員に投票してきたけれど、彼らが腐敗しているということがわかった。バーニーは目を開かせてくれた」

また、どちらの支持者も、民主党と大手メディアへの不信感を持っている。「NBCもCNNもヒラリーの回し者。民主党は不正を働いている」と言い、大手メディアの情報は読まないし、信じない。彼らは、自分の主張を裏付けるネットのメディアと、支持者同士がソーシャルメディアでやりとりする情報だけを信じる。

また、その他の社会問題よりも「経済的政治」を優先する傾向がある。サンダースの友人で元選挙参謀のハック・ガットマンは、サンダースにとって主要な問題は、「労働者階級の家族」のための政策と「経済的正義」であり、「戦争や公民権運動や同性愛者や女性の権利の問題であったことはない」と公共ラジオ放送NPRの取材に答えた。

サンダースの熱心な支持者もサンダースと同様だ。彼らは、銃規制、LGBTの人権、女性の権利、人種差別、イスラム教徒への偏見、といった深刻な社会問題にはあまり興味を示さない。それよりも、「大学の無料化」、「最低賃金一五ドル」、「TPP反対」を唱える。その他の社会問題は、自分にとって重要な問題ではないからかもしれない。

ラリーに行くと、トランプの集会のように圧倒的に白人が多い（カリフォルニアなどの地域では異なるようだが、東海岸北部はそうだ）。大学生では人種が混じっているが、それより上の層になると、ほとんど白人だ。つまり、その他の社会問題を考えずに生きられる恵まれたグループでもあるのだ。

また、熱心なサンダース支持者は、本選でヒラリーを支持するのは「裏切り者」とみなす。それまでは尊敬していたリベラルな政治家であっても、ヒラリー支持を表明したとたん「裏切り者（sell-out）」になる。たとえば、エリザベス・ウォーレン上院議員は、消費者金融保護局の設立に貢献し、「ウォール街を占拠せよ」運動の思想基盤を作ったことでも知られ、サンダース支持者から愛されていた。サンダースを最初に担ぎだしたのは、この「ウォール街を占拠せよ」運動の中心人物たちだったとも言われている。

ところが、ウォーレンがヒラリー支持を表明したとたん、サンダース支持者の間で、「裏切り者」「魂を売った」「自分にとってエリザベスは死んだも同じ」という非難がソーシャルメディアにあふれた。ウォーレンのTシャツを燃やしている写真をツイートした若い女性もいた。

サンダースがヒラリー支持を公表したイベントでは、サンダースに対して「裏切り者！」と叫ぶ者もいた。

サンダースとヒラリーが接戦を繰り広げた予備選について、最初のうち多くの民主党員は「民主党にとって良いことだ」と評価していた。だが、本選になってから、古い民主党員たちは「サンダースに利用された」と後悔しはじめた。

大統領選に出るために民主党を利用し、党のリーダーを辞職に追い込み、「民主党を根こそぎ変えるべきだ」と攻撃して党内に亀裂を作ったサンダースを、「裏切り者」と感じている民主党員は少なくない。地上戦で会ったヒラリーのボランティアたちは、ネットでヒラリーのイメージを傷つけた熱狂的なサンダースファンへの恨みを語った。その中には、予備選でサンダースに票を投じた人もいた。

サンダース支持者と民主党エスタブリッシュメントとの苦い関係については、後の章で詳しく語ることにする。

7 ヒラリー――不当な非難を受ける実務主義者

二〇一六年の大統領選挙は、かつてない「嫌われ者同士の戦い」と言われた。二大政党の指名候補になったヒラリーとトランプに対してネガティブな見解を持つ国民が半数を超えることが多いからだ。

暴言を繰り返すトランプが嫌われる理由は説明の必要がないが、ポジティブなメッセージを送り続けるヒラリーが嫌われるのは不思議な気がすることだろう。取材と文献から浮かんできたのは、次のような理由だった。

ヒラリーが嫌われる理由

ヒラリーがファーストレディとして名前を知られるようになった一九九〇年代、「ヒラリー嫌い」はメディアで娯楽化していた。

ヒラリーが特に何か悪いことをしたからではない。その逆だ。まず、ヒラリーには「ガリ勉優等生の女」というイメージがあった。また、「恵まれない者を救うのは道徳的な義務」という理念を押し付ける、ナイーブで、説教好きな女という印象も。それが人々の神経を逆なでした。リベラルなニューヨーク・タイムズ紙ですら、一九九三年に『聖ヒラリー』というタイトルで、道徳家のような彼女の堅苦しさを嘲笑ったくらいだ。

二〇一六年の大統領選でも「ヒラリーはどうしても好きになれない」という意見が多い。だが、ソーシャルメディアを観察すると、一九九〇年代とは異なる。今回は、「嘘つき」、「腐敗している」という批判が目立つ。

彼らの批判を検証してみよう。

1、ベンガジ事件

二〇一二年、リビアのベンガジでアメリカ領事館が襲撃され、クリス・スティーブンス駐リビア大使ら四人のアメリカ人が殺害される事件があった。当時の国務長官はヒラリーだった。

悲惨な事件だが、毎日続いている国際的な紛争や事件と比較して、これだけが特別に注目される理由はない。これより先にブッシュ大統領にイラク戦争の責任を問うべきだ。だが、共和党議員が過半数を占める下院は、二〇一五年になってから、このベンガジ事件を「国務長官としての失策」として追及し、公聴会を開いた。

ヒラリーは、一一時間にわたる公聴会を休憩も取らずにこなし、責められるような落度がなかったのは明らかだった。

「ヒラリーが民主党の指名候補になることを予測した共和党が、彼女のイメージを傷つけるために行った魔女狩り」というのが民主党の見解だが、ベンガジ事件でヒラリーに致命傷を与えることができなかった共和党は、それを「メール疑惑」として続けた。

2、メール疑惑

ヒラリーが国務長官だったときに、国務省のメールアドレスに加えて、私設サーバーで個人のメールアドレスを使った件だ。ヒラリーは、元国務長官のコリン・パウエルのアドバイスで、便宜のために私用メールを使ったと説明している。

FBI長官のジェイムズ・コミーは、細部にわたる調査の結果「非常に軽率だが、国家への背信行為や司法妨害を故意に行った証拠はない」として、司法省に告訴は勧めないという結論を発表した。

ヒラリーの前任者のすべてが私用メールを使ったのに、ヒラリーだけが調査されたのは、共和党の執拗な追及があったからだ。

3、「ヒラリーは犯罪者なので牢屋に入れるべき」

共和党のイベントでは、予備選初期から「ヒラリーを牢屋に入れてくれるなら、俺の票をやる」と候補に言う参加者がいた。つまり、保守の有権者に対する前述の戦略が効果を出していたわけだ。

トランプとサンダースの支持者らが、その見解をソーシャルメディアで広めていき、ベンガジやメール疑惑の詳細を知らない者に広がり、「ヒラリーは犯罪者」という部分だけがひとり歩きしてしまった。

4、嘘つき

政治家が嘘をついているかどうかを見極めるのに役立つのが、「ポリティファクト(PolitiFact)」というサイトだ。政治における発言の信憑性を監視するサイトで、ピューリッツァー賞も受賞している。

このサイトでは、各候補の発言をチェックをし、「事実」「ほぼ事実」「半分本当」「ほぼ偽り」「嘘」「真っ赤な嘘」の六段階で評価している。

そのポリティファクトによると、共和党と民主党を含めた大統領予備選の候補のなかで、最も「正直」なのはヒラリーだった。

三月時点でヒラリーの発言の七二％は「事実、あるいはほぼ事実」で、七〇％のサンダースが二位に続く。トランプの発言のうち「事実」はたったの三％で、七七％が「嘘」の領域だ。

本選での最終ディベートでも、トランプの発言の七〇％以上が嘘だったのに対して、ヒラリーは〇％、つまりまったく嘘は語らなかった。

この事実が有権者に浸透しなかった理由には、後の章で書くが、政治をエンターテインメントとして扱い続けたメディアの罪が深い。

5、腐敗している

何をもって「腐敗している」と言うのかは明らかではないが、前述の理由に加え、ウィキリークスが流出させた民主党全国委員会とヒラリー陣営の事務長のEメールの内容が影響しているとみられる（それについては、10章で詳しく論じる）。

これらの流出メールはヒラリー自身のものではないし、ヒラリーがウォール街に特別な措置をしたり、選挙で不正を働いたり、妨害したりした証拠も根拠もない。

一九九〇年代と同様に、ヒラリーに罪があるとしたら、自分のイメージをうまくＰＲできないことだ。だから、「確固たる証拠はないが、嫌な感じの女」というイメージを捨ててもらえない。

それについて、民主党の代議員を務めていた五〇代前後の男性はこう説明した。

「（夫で四二代大統領の）ビルには、生まれつきのカリスマ性や会う人を即座に魅了する能力がある。だが、ヒラリーの場合、仕事はビルよりできるけれど、そういう能力には欠けている。だからメディアにも誤解されてきた。メディアに誤解されることを恐れて構えるから、さらに固くなり、不自然さが誤解を招く。一対一で会えば、暖かいし、ユーモアもある人なんだけれど」

次の章の「ダークマネー」で語るが、保守の勢力が闇の金を三〇年も注ぎ込んで探した結果、ヒラリーについては、これだけしかホコリが出てこなかったのだ。そう考えれば、ヒラリーは相当クリーンな政治家だということになる。

女に求められる、男性よりも高い基準

ヒラリーの支持者からは、「メディアにも女性差別がある」という不満が聞こえてくる。

メディアマターズ（MediaMatters）の調査でも、予備選の間、ヒラリーは男性候補らに比

べもっとも多くのネガティブな報道をされ、ポジティブな報道はもっとも少なかったことがわかる。あれだけ暴言を言い放題だったトランプのほうが、ポジティブな報道が多く、ネガティブな報道が少なかったのだ。

先の「ポリティファクト」の調査からも読み取れるように、大衆は、男性の政治家が嘘をついても軽く聞き流すのに、ヒラリーに関しては、ただの噂でも「疑惑」があれば「犯罪者」と断定する。

また、アメリカでは大統領候補が納税申告書を公開するのが慣わしだ。金銭的な利害関係が明確になるからだ。ヒラリーは過去四〇年近くの納税申告書をすべて公開しているが、サンダースもトランプも拒否している。これが逆だったら、メディアも国民も「ヒラリーが隠しているのは犯罪者だから」と言うだろう。

また、「ヒラリーはイラク戦争に賛成票を投じた」からヒラリーは嫌いだと言うリベラルも少なくない。だが、同じ人物が、イラク決議で賛成票を投じた男性のジョン・ケリー現国務長官やジョー・バイデン副大統領には悪感情を抱いていない。「人間性が良いから」というのが理由だが、それにしても、ケリーやバイデンを個人的に知っているわけではなく、メディアから得たイメージでしかない。

表向きには否定しても、男尊女卑の風潮は、アメリカにまだ根強く残っている。メディアもそれに加担している。それは、アメリカに住んでいる者としても、強く感じることだ。

詳細な政策を立てている候補はヒラリーだけ

ヒラリーのサイトに行くと、「経済・雇用問題」「教育」「環境問題」「医療問題」「正義と平等」「国家安全問題」というカテゴリーで、詳細にわたる政策を読むことができる。

ヒラリーのタウンホールミーティングに行くと、スピーチの九割以上は政策だ。どんな質問を受けても、即座に数字を含めて実行計画を説明することができる。口先だけの約束ではなく、熟慮したことがわかる。

共和党ではトランプ、ルビオ、ケーシック、民主党ではサンダースのイベントに行ったが、車椅子の人がステージを見やすいように専用の場所を作り、手話通訳をつけていたのは、ヒラリーだけだった。些細なことのようだが、これらは「この候補が大統領になったら、どんな行動をとるのか」を示す重要なものだ。

コアの支持層はトランプと対照的

現地で取材すると、候補のコアになっている支持者には一目瞭然な違いがある。トランプは「白人男性」で、サンダースは「白人の若者」。そして、ヒラリーの情熱的な支持層は「黒人女性」だ。

ニューハンプシャーは人口の九四％が白人なのだが、ヒラリーのイベントに行くと、黒人女性が多い。彼女たちはヒラリーのことを「マイ・ガール」と呼び、壇上にヒラリーが現れると、立ち上がって「ヒラリー！　ゴー、ガール！」と大きく声援を送る。

彼女たちは、「白人男性」、「若者」に比べて数の上では少ないが、投票への情熱は最も強い。

一緒に仕事をした人の意見

元国務長官のロバート・ゲーツは、自伝『Duty』（邦訳『イラク・アフガン戦争の真実』〈朝日新聞出版、二〇一五年〉がある）の中で、ヒラリーについてこう書いた。

それまで彼女と知り合ったことはなく、彼女に対する私の見解は、ほぼ完全に新聞やテレビから得た印象で作られたものだった。だが、彼女と知り合ってすぐにそれが非常に間違ったものだったことを知った。彼女は頭が良くて、理想主義者でありながらも実践主義であり、意志が強く、根気よく、ユーモアがあり、私にとって貴重な同僚であり、世界中でアメリカ合衆国を代表してくれる素晴らしい国務長官だと思った。会ったことがない人物について強い個人的見解を持つことは、今後は二度としないでおこうと自分に誓った。

こういった意見は、ゲイツに限らない。ヒラリーを知る民主党員や、ヒラリー陣営で働いたことがある人などから直接聞いた意見とも一致していた。

仕事をしているときに、もっとも人気が高いヒラリー

ヒラリーの「好感度」については、不思議な現象がある。

選挙に出ると、ライバルやメディアが叩くせいか「好感度」や支持率が落ちるのだが、実際に仕事をしている間は好感度が非常に高いのだ。

ファーストレディになったときには六二％で、ニューヨーク選出の上院議員の仕事を終えたときには五八％、国務長官だったときには、オバマ大統領やバイデン副大統領より高い六六％だった。これだけ支持が高い政治家はめったにいない。

ヒラリーは、オバマ大統領やミシェル夫人のように感動的なスピーチで、国民にインスピレーションを与えるタイプの政治家ではない。若かったときのビル・クリントン大統領のようなカリスマ性やチャーミングさもない。

だが、優れたスピーチやチャーミングさはリーダーにとって必要不可欠な資質ではない。

すばらしいスポーツチームを作るのは、チームをまとめ、選手の力を最大に発揮させることができる監督だ。それと同様に、議会と協働でき、国をまとめられる実務的な大統領のほうが、良い国を作ることができる。そういった意味で、ヒラリーはオバマ大統領とは異なるタイプの「良いマネージャー」として国をまとめる可能性があったのだ。

ヒラリーは、中道穏健派の立場から、なるべく多くのアメリカ人のために働こうと思っていた。中流階級を増やすことで国が安定するという説や、「すべての国民が手を繋いだほうが強い国になる（Stronger Together）」、「愛は憎しみに勝つ（Love Trumps Hate）」というスローガンは、「これが本来のアメリカの姿」という彼女の信念から来ている。

だが、これらのメッセージは、急速な革命を求める若者を奮い立たせることができず、数が少なくなってきている白人に特権を失う恐怖を抱かせた。これは、ヒラリーが計算に入れていなかった反応だった。

8

政治を操る「ダークマネー」

コーク兄弟の極端な政治不信

「よそ者」であるトランプとサンダースが熱狂的な支持者を集めた背景には、収入格差や白人の鬱憤があることは、これまでの章で説明した。

また、彼らの支持者には、政府や議会、マスメディアといった「エスタブリッシュメント」への強い不信感と反感がある。

それに対して、「仕方がない。社会が悪いのだから」と言う人がいる。

だが、これらの現象は、すべてが自然に発生したものではない。少なくとも、収入格差やエスタブリッシュメントへの不信感については、それを煽った犯人がいる。

その犯人を紹介する前に、二〇一六年のフォーブス誌の世界長者番付のトップ10を見てみよう。

一位のビル・ゲイツから、ウォーレン・バフェット、ジェフ・ベゾス、マーク・ザッカーバーグ、ラリー・エリソン、マイケル・ブルームバーグ、と馴染みある顔が並んでいる。だが九位に入っているチャールズ・コークとデイビッド・コークの名前は、日本ではあまり知られていない。

彼らは、石油、天然ガスなどのエネルギー、肥料、穀物、化学物質などを広く手がける「コーク・インダストリーズ」のCEOと副社長だ。この会社は上場しておらず、四人の兄弟が株の大部分を所有している。けれども、兄弟間の確執の結果、実質的に会社を動かしているのはチャールズとデイビッドだ。二人の資産を合わせると、一位のビル・ゲイツの資産七五〇億ドルを超える約八〇〇億ドルにもなる。

アメリカの政治に少しでも興味がある人なら、「コーク兄弟（Koch Brothers）」の名前は、共和党のもっとも気前が良い政治資金提供者として耳にしているはずだ。

だが、コーク兄弟がやってきたことは、金を使ってひいきの候補を当選させるだけではない。彼らは、アメリカ社会を根本的に変えるプランを立て、一般人が見えない場所で、何十年にもわたって根気よく実行に移してきたのである。

ニューヨーカー誌のベテランライターであるジェーン・メイヤー（Jane Mayer）が書いた『Dark Money: The Hidden History of the Billionaires Behind the Rise of the Radical Right

（闇の金：超右翼の興隆の背後にある億万長者の履歴）』（Doubleday、二〇一六年）を読むと、現在アメリカの最大の問題である収入格差や、政治家への国民の不信感の陰に、大富豪たちの長年の策略があることがわかる。メロン・スケイフ、オーリン、ブラッドリーといったオールドマネー（古くからの資産家）の名前も出てくるが、誰よりも目立つ活動をしてきたのがコーク兄弟だ。

コーク兄弟の祖父はオランダからテキサスに移り住んで富を築いた移民で、父親のフレッドは一九二〇年代にスターリン政権のソ連で石油精製所建設に関わり、その時の苦い体験から反共産主義となった。右翼団体のジョン・バーチ協会を結成し、第二次世界大戦ではイタリアのムッソリーニを賞賛し、ナチスドイツと取り引きした。ナチスドイツのシンパでもあり、わざわざ息子の養育係に厳格なドイツ人女性を雇ったほどだった。そんな父の影響を受けたコーク兄弟は、政府に極度の不信感を抱いて育ち、環境汚染を防ぐための規制や税金を敵視し、政府による福祉に反対で、経済的自由促進を強く信じるリバタリアンになった。

弟のデイビッドは、一九八〇年にリバタリアン党の副大統領候補として出馬したこともあるが、結果は失敗だった。人生で初めての大きな挫折を経験し、彼らは真正面からの政治活動の限界を知って、もっと効果的で壮大な方法を思いつく。

一つは、膨大な富を利用し、地方自治体から連邦政府まで、全米の行政機関を自分たちの理念に沿う政治家で牛耳ることだ。そして、もう一つは、学問の看板を掲げたシンクタンクや非営利団体を作り、メディアや大学機関に入り込んで理念を広めていくというものだ。そのアイディアの元になったのは、後に最高裁判事になった保守派の企業弁護士ルイス・F・パウエル・ジュニアが一九七二年に書いた、「真の敵は、大学機関、説教者、メディア、知識人、文芸雑誌、芸術、科学だ」という文章だという。

コーク兄弟はコーク財団を作り、ケイトー研究所（Cato Institute）、ヘリテージ財団（Heritage Foundation）など保守系シンクタンクを支援した。ブッシュ政権の公共政策や外交政策のアドバイザーを多く送り込んだアメリカンエンタープライズ公共政策研究所（ＡＥＩ）もそのひとつで、コーク兄弟やその仲間である大富豪から何億円もの支援を得ている。著者のメイヤーによると、表面的には研究所だが、実際には石油、天然ガス、石炭等の企業による環境汚染を法的に正当化することと、企業の減税のために働く団体だ。

コーク兄弟のコーク財団と同様の目標を持つのが、ジョン・オーリンのオーリン財団だ。ＣＩＡの隠れ銀行として機能したこともあり、ハーバード、シカゴ、コーネル、ダートマス、ジョージタウン、マサチューセッツ工科大学といった多くの有名大学で、保守的な思想を説くプログラムに何十億円も寄付し、それらのプログラムで学んだ学生が政府やシンクタンク、メディアで有名な論客へと育った。

一方で、彼らは自分の政策に反対する政治家や科学者に汚名を着せる活動もしてきた。

クリントン夫妻を標的にする

一九九三年に大統領に就任したビル・クリントンとヒラリーは、ヘリテージ財団の大きな標的だった。ヘリテージ財団とは、メロン財団で有名なメロンの財産を引き継いだリチャード・メロン・スケイフとクアーズビール経営者のジョゼフ・クアーズが出資してできた保守系シンクタンクだ。

ヘリテージ財団は、クリントン夫妻の拠点であるアーカンソー州にちなんだ「アーカンソー・プロジェクト」を作り、複数の私立探偵を雇ってクリントンに関する汚点を探った。そして、嘘が混じった猥褻な逸話を、アメリカン・スペクテーター誌に流したのだ。この雑誌の資金もスケイフから来ている。

クリントン大統領の次席法律顧問ビンス・フォスターの死が自殺と判明した後でも、スケイフはそれが殺人だとほのめかし、「(クリントンは)人々に命令して(都合が悪い人物を)始末する。(クリントン関係者で)ミステリアスな死を迎えた者が六〇人はいる」と取材に答えたこともある。

ヒラリー・クリントンが「右派による大きな陰謀だ」と発言したとき、メディアは「思いすごし」だと冷笑した。だが、ホワイトウォーター（ビル・クリントンがアーカンソー州知事のときに、不正土地取引や不正融資をしたとされ疑惑）、トラベルゲート（ヒラリーが大統領夫人のときに、ホワイトハウス旅行事務所の人事に介入したとされる疑惑）、ファイルゲート（ＦＢＩが持つ共和党の要人の個人情報を入手し、政治的に利用していたという疑惑）といったスキャンダルの陰には、本当にこのような大きな陰謀があった。著者によると、クリントン大統領の弾劾裁判へと至る数々の訴訟も、ヘリテージ財団が出資していたのだ。

根拠がない陰謀説であっても、いったんマスコミが騒げば、事実として記憶されてしまう。これらの陰謀説は、二〇一六年の大統領選挙でもヒラリーへの攻撃として使われた。「私的財産を使った、しかもその大部分は（非営利団体のために）税金控除さえある、スケイフによる超越したレベルのクリントンに対する抗争は、極端な信念を抱くたった一人の裕福な人間が、国家の情勢に打撃を与えることを示している」とジェーン・メイヤーは書いた。

二〇〇〇年の大統領選挙でアル・ゴアがジョージ・Ｗ・ブッシュに負けたのも、スケイフが火をつけたクリントンのスキャンダルの影響がある。アメリカの庶民は、知的な討論ができないブッシュを「自分たちみたいで庶民的だ」と歓迎したが、ブッシュは決して庶民の味方ではなかった。高所得層と大企業に有利な減税を実施し、ウォール街に有利な規制緩和を行い、イラク戦争を開始し、不景気、失業率増加、金融危機をもたらした。

ロナルド・レーガン大統領の時代から共和党は右傾化していったが、スケイフやコーク兄弟などの大富豪たちは、共和党の政治家を金で操る方法でさらに党を右寄りにしていった。彼らに反抗した政治家は選挙で破れ、政治生命を失う。こうして、共和党は一握りの富豪たちに操られる党になってしまった。

オバマ大統領の政策に反対するティーパーティーも、草の根運動のふりをしているが、実際はコーク兄弟らが出資して作り出した人工的なものだ。メイヤーは、クリントンに対するスケイフの攻撃を「コーク兄弟によるオバマへの戦争の予行演習でもあった」と表現する。

反エスタブリッシュメント

アメリカ国民に政府への不信感を広めたのはティーパーティーだけではない。マスメディアの責任も大きい。コーク兄弟らの陰謀は既に知られていたのに、その代わりに、「トップ一%が残りの九九%を抑圧している」、「政府も議会も機能していない」という表層的なニュースばかりを流し続け、その結果、アメリカの国民は、右寄りの人も左寄りの人も、まとめてプロの政治家をまったく信用しなくなってしまった。

だから、アメリカ人は「反エスタブリッシュメント」としてのドナルド・トランプとバーニー・サンダースを歓迎したのだ。

共和党の筆頭候補になったトランプは、これまで政治とは無縁だったビジネスマンだ。そして、若者に大人気のサンダースは、若かりし頃多くのデモに参加した社会活動家で、大統領予備選に出馬するまでは無所属だった上院議員だ。

どちらも、二大政党にとっては「部外者」であり、党を代表する候補でありながらも、自分の党をおおっぴらに批判している。有権者にとって、トランプとサンダースの魅力はここにある。党という体制に媚びることなく、自分たちの感じていることをそのまま代弁してくれるヒーローだ。

しかし、国民の怒りをエネルギーにするトランプとサンダースのムーブメントは、複雑な政治をあまりにもシンプルにしすぎた。

「アメリカを改善するためには、このくらいの急激な変化が必要だ」と語る人は少なくないが、アメリカという巨大な国を破壊せず、九九%の国民の収入を増やすのは簡単なことではない。

アメリカでは、法律の原案作成から公布まで、異なる政党のメンバーで構成される委員会でのネゴシエーション、議会での討論と草案の変更、予算討論、再び委員会での話し合い、再び議会での討論と変更、そして最終的に投票というプロセスが必要だ。つまり、一人の政治家や大統領がどんなにピュアな理想を持っていても、思い描いた通りの法律を作ることは不可能だ。どこかで妥協をしなければならないし、妥協を拒んだら何も解決しない。

この部分にフラストレーションを覚えている真摯な政治家はいるし、フラストレーションを抱えながらも、国民のためになる法律を可決する努力をしている政治家はいくらでもいる。国を変えるためには、こういった政治家を地道に増やし、応援し続けるしかないのだ。だが、トランプとサンダースの熱狂的な支持者たちは、その部分をまったく無視して、これまで地道な努力をしてきた政治家すら「エスタブリッシュメント」として否定し、批判している。

これでは、コーク兄弟らの思うツボだ。

しかし、コーク兄弟ら保守派の大富豪にとっての大きな皮肉は、計算にまったく入れていなかったトランプの登場だった。トランプは、コークたち富豪を必要としていないから、彼らの言うことはきかない。そして、コークらが作りだしたティーパーティーの代表テッド・クルーズを退けて共和党の指名候補になった。そればかりか、手中に収めていた共和党リーダーのポール・ライアン下院議長は、トランプと争って党内での支配力を失った。

経済や外交面での政策がなく、行きあたりばったりで、毎日のように発言が変わるトランプは、安定を重視するウォール街やグローバル・ビジネスマンにとっては悪夢のような存在だ。たった一言の暴言で株が大暴落し、巨額の資金を失う可能性もある。そこで、予備選の後半にトランプを阻止するために巨費を投じてコマーシャルを流したが、それでもトランプの勢いは止まらなかった。

コーク兄弟らは、庶民の味方であるリベラルな政治家を潰す目的は果たしたが、その過程で、フランケンシュタイン博士のように、自分では操れないモンスターまで生み出してしまったのだ。

Ⅲ

大荒れの予備選

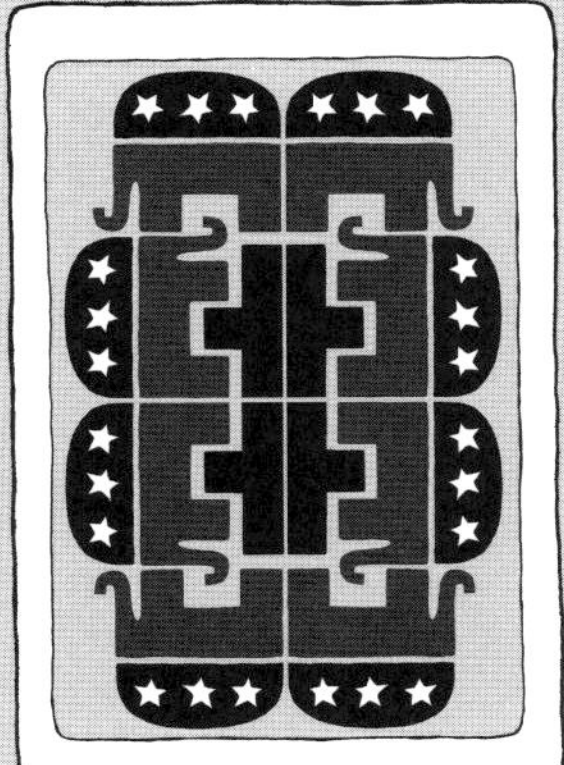

9

ボストンのリベラルエリートがサンダースを支持しなかった理由

バーニー・サンダースの同志たち

二〇一五年に大統領選出馬を表明したときのバーニー・サンダースは、全米レベルでは無名に近い存在だった。アメリカ東北部にあるバーモント州選出の上院議員で、無所属だったので、それも仕方がない。カナダに隣接するバーモント州の存在を知るのは、近隣のニューハンプシャー、メイン、マサチューセッツ、ニューヨーク州の住民くらいだ。

無所属で組織の力を持たないサンダースが、予備選の開幕戦といえるアイオワ州とニューハンプシャー州で善戦したことにメディアは驚いた。アイオワでヒラリーに負けたものの、接戦で、ニューハンプシャーではなんと二〇%もの差をつけて圧勝した。

サンダースは、大統領選出馬を公式発表した二〇一五年の五月の前から地元バーモントとニューハンプシャーで選挙ラリーを行っていた。その頃に支持者になった一六歳の少年は、興味本位でラリーに出かけ、彼の呼びかける「政治革命」の虜になった。彼は自分で小規模のオーガニック農業を行っており、環境保護に敏感な高校生起業家でもある。彼自身が投票することはできないが、これまで政治に興味がなかった母親に影響を与え、家族ぐるみでサンダースのファンになった。

笑顔も見せず、単調なしわがれ声で、「ウォール街解体」、「収入の平等化」、「最低賃金一五ドル」、「大学の学費無料化」、「メディケア（低所得者向けの低額医療制度）をすべての国民に」と説くサンダースの演説は、六〇年代に盛んだった社会運動でのアジテーションを連想させる。決して上手いとはいえないが、プロの政治家のように洗練されていないからこそ、「実直」なイメージを与え、聞く人の心を掴んだ。

「これまで民主党候補に盲目的に投票してきたけれど、バーニーを知ってから、それらの政治家たちがどんなに汚れていたかわかった。バーニーは、まるで私のお父さんみたいな感じで親しみが持てる。奥さんのジェーンも、普通の人。そこが信用できる」と話してくれた中年の白人女性もいた。

こうして「バーニー」に魅了された人々は、その興奮を他の人と分かち合いたくなり、陣営が指図しなくても、勝手に家族や友人にサンダースの素晴らしさを伝えてくれる。まさに、口コミの力だ。

私も、しばらく会っていなかった六〇代の女性から電話を受け取った。彼女は、サンダースのラリーにでかけてファンになり、どうしてもそれを伝えたくて電話をしてきたらしい。個人事業の経営者だった彼女は、現在は引退している。ラリーに参加するのも、政治に興味を抱いたのも初めてだという。

「オバマケアには救われたけれど、それではまだ足りない。バーニー（サンダース）なら、すべての人が医療を受けられるようにしてくれるだろう」と熱心に語る。「大学に行きたくても、お金がなくて行けない子はいっぱいいる。その子たちのために無料で行ける公立大学を作るべき」と訴えてきた。彼女の息子は学費が高い有名私立大学に行ったので、学費ローンはまだ相当残っていると思う。一年に七〇〇万円を超える娘の学資を四年払った私たち夫婦にも、その心情はよくわかる。

二〇〇八年には「オバマではなく、ヒラリーが大統領になるべき！」と強く語っていたある害虫処理業者の白人男性は、今回は「ウォール街の連中が金を独占するのは許せない」とサンダース支援に乗り換えた。彼のように収入格差に不満を持つ労働者の人々は、前回は「庶民の味方」であるヒラリーに投票したが、今回はもっと庶民の味方になってくれそうなサンダースの支持にまわっていた。

若いサンダース支持者は、もっと理想主義だ。バーニーは、大人の世代が汚してしまったアメリカ社会を根こそぎ変える政治革命の指導者であり、支持者は同志なのだ。「全米でもっともリベラルな州」として知られるマサチューセッツは、サンダースの地元バーモントと、彼が圧勝したニューハンプシャーに隣接し、ほぼ「地元」である。サンダースの知名度も高い。ハーバード大学やＭＩＴ（マサチューセッツ工科大学）を筆頭に有名大学が多く、サンダースの支持基盤である大学生の活動が盛んだ。ケンブリッジを歩いていると、「バーニー」のＴシャツを着ている学生だらけだ。ヒラリーのものはまったく見かけない。

だから、サンダースが圧勝して当然の州だったのだが、予想外に激しい接戦になり、結果的には五〇・一％対四八・七％という僅差でヒラリーが勝利した。

なぜサンダースは、勝つ条件が揃ったマサチューセッツ州で敗北したのだろうか？

国にとって良い選択とは？

ヒラリーが接戦のうえでオバマを破った二〇〇八年の予備選の結果と比較しているうちに、あることに気付いた。二〇〇八年にオバマを選んだボストンとその近郊が、今回はヒラリーを支持していたのだ。八年前にヒラリー支持だった地域はサンダース支持に、オバマ支持だった地域はヒラリー支持にシフトしている。これは、今回の予備選で有権者の選択が変化したことを示している。

目を引くのは、リベラルなマサチューセッツの中でも、特に「リベラル」として知られているケンブリッジ市とレキシントン町だ。二〇〇八年の予備選では、州全体ではヒラリーが勝っているのだが、この二つの地域では、「若き改革者」のオバマを選んでいた。ところが、今回はサンダースではなくヒラリーを選んでいる。しかも、レキシントン町では三七ポイントもの大差がついている。

ケンブリッジ市は、ハーバードやMITのキャンパスがある世界的に有名な学術都市だ。住民には、学生や学者が多い。そして、ケンブリッジに住んでいたリベラルな学者たちが自然を求めて一九六〇代以降に移住したのがレキシントン町だ。レキシントン町の住民には、言語学者ノーム・チョムスキー、ノーベル平和賞受賞者のヘンリー・エイブラハム、ウェブの発明者であるティム・バーナーズ゠リーなどの知識人が多く、住民の多様性と教育を重視する点で、二つの地域には多くの共通点がある。思想的にはサンダースに近い住民が多いはずだ。

ヒラリーの支持者からは、老若男女ふくめてサンダース個人への中傷や非難はない。ほとんどが「サンダースも好きだ」という。そこがまず大きな違いだ。

共和党候補を含めて、全員のイベントに参加して比べたという社会人の若者二人も、サンダースは好きだと言っていた。しかし「現実をもっとも良く理解し、具体的な対策を持っているのはヒラリーだという結論に達した」と話していた。

あるIT企業のCEOで四〇代後半の男性は、「バーニーは好きだし、彼が実現したい北欧のような社会保障は素晴らしいと思う。しかし、そのためには北欧なみに税金を上げる必要がある。でも、それはアメリカという国や国民性にはあっていないと思う。良くも悪くも、アメリカはこういう国だからこそ、起業家が生まれ、アップルやフェイスブックが生まれるのだから」と説明して、バーニーよりヒラリーのほうが国にとって良い選択ではないか、と話していた。

ヒラリーのタウンホールミーティングに参加した四〇代の男性は、「大統領は、やりたい仕事だけやればいい職業ではない。反戦運動家であっても、泥沼化したイラク戦争の後始末をしなければならないし、内政から外交まで初日から全力疾走しなければならない。それができる経験と能力があるのは、候補者の中ではヒラリーだけ。ヒラリーと同じ経歴を持つ人が男性なら(「メール疑惑」などについて)、あれほど執拗な攻撃をするだろうか?平然と嘘をつく男性政治家を許しているくせに、ヒラリーだけを細かく非難するとしたら、性差別者だといわれても仕方がないね」と、メディアやバーニーの支持者たちに批判的だった。

アイビーリーグの大学を卒業したばかりの若い女性の何人かは、「ヒラリーに投票するつもりだけれど、友人たちには話さない。とくに男性には」と打ち明けた。「バーニーの応援をしない奴は認識が足りない、と説教されてめんどうだから」と言う。彼女たちがヒラリーを選ぶ理由が面白い。「私たちが大学院に進学したり、就職したりするときには、これまでの成績、研究の成果、インターンの経験で実力を見せつけなければならない。『できる』という口約束だけで進学や就職はできない。アメリカの大統領は、さらに経験と技能を要する仕事で、履歴書ならヒラリーが適任なのは明らか。それなのに、なぜみんな口約束の人を選ぶのか？」と憤慨する。

先に登場したサンダース支持の六〇代の女性は、ヒラリーがファーストレディ時代に国民皆保険制度の導入を試みて共和党から徹底的に叩かれて潰された事実をまったく知らなかった。けれども、「小学生の頃から政治に興味を持っていた。ヒラリーのことは二〇〇八年から知っている」という若い女性たちは、ヒラリーの経歴の一部として「ヒラリーケア」と呼ばれた九三年の試みをちゃんと知っていた。その年に生まれたというのに。このように、ヒラリーの支持者に共通するのは、大統領選挙を「大統領という職業の面接」と捉え、他の候補の政策と比較したうえで、「誰が適任か？」「もし共和党がホワイトハウスまで占領したら、アメリカや世界はどうなるのか?」を考えて判断しているところだ。

先にご紹介したMITの言語学教授で思想家でもあるノーム・チョムスキーは、アメリカの国家資本主義に批判的な左寄りのリベラルで、「世界の良心」として日本でも知名度が高い。もちろん、現在の大統領候補の中では、サンダースにもっとも好意的だ。アラビア語の国際ニュース局アルジャジーラの取材でもそう答えている。だが、チョムスキーは「今の政治システムでは(サンダースが)選挙に勝つ見込みはほとんどない」と考えており、共和党と民主党の力が拮抗する州の住民は、共和党候補が大統領になるのを阻止するために、たとえ好きでなくても無投票ではなくヒラリーに投票するべきだと公言した。

「二〇〇八年の大統領選挙のときも、私はオバマが嫌いだったけれど、同じことを言った」とチョムスキーは言い、「あなたが一一月にオハイオ州にいたらヒラリーに投票しますか?」というアルジャジーラの記者の問いに、「もちろん」と強く答えている。チョムスキーのヒラリー票は消極的だが、「候補の好き嫌いではなく、アメリカの大統領が世界に与える影響を考えて票を投じるべきだ」という考え方はリベラルなエリートに共通するところだ。

すこしずつしか、変わらない

民主党の根強い支持層には、二つの異なるグループがある。

一つは、低学歴、低所得のブルーカラー労働者で、もうひとつは、高学歴、高所得のホワイトカラー専門職だ。前者は「自分の味方になりそうな人かどうか?」で選び、後者は「国や世界のリーダーとして、外交でも内政でもまっとうな判断ができそうな人」を客観的に判定する。前者にとって好き嫌いの感情は重要だが、後者にとっては掲げる政策と実務能力のほうが重要だ。

ボストンと近郊の裕福な町に暮らすリベラルのエリートには後者が多く、ニューハンプシャーには前者が多い。またニューハンプシャーとバーモントの白人人口はそれぞれ九四%と九五%だが、マサチューセッツ州のボストン市と近郊は人種に多様性がある。ノーベル経済学賞受賞者のポール・クルーグマンが二〇一六年に書いたコラムの引用を読めば、その違いがわかるかもしれない。彼はマサチューセッツの住民ではないが、マサチューセッツ工科大学で博士号を取得しており、私の周囲のリベラルな知識人が共感を示す人物だ。

簡単すぎるかもしれないが、(二人の違いを) まとめると、こうなる。サンダースは、すべての悪の根源は金だと見なしている。すなわち我々の周囲にある政治の醜さの包括的な原因は、上位一%の裕福な者と企業エリートの大金による汚職だと考えている。いっぽう、（ヒラリー）クリントンの見解は、金は悪の根源のひとつである。たぶん多くの。だが、それがすべてではない。人種差別や性差別、そのほかの偏見もそれぞれに大きな脅威だ。

これは大きな違いには見えないかもしれない。どちらの候補も差別には反対しているし、どちらの候補も経済的な不平等を軽減したいと思っている。しかし、政治的戦略としては重要な違いだ。

長年民主党を支持してきたリベラルな知識人たちが特にクルーグマンに同感するのは、「オバマ政権は、不完全かもしれないが、医療、税、経済、環境問題で非常に重要な急進派の改革を勝ち取ってきた。毎年のように力いっぱい戦い、少しずつ物事を改善していくというのは、どこか、気高く、感動的なところがあると思わないか？」という点だ。

マサチューセッツのリベラルエリートがサンダースを支持しなかった本当の理由は、彼が問題を単純化しすぎることと、彼の解決策が実行不可能なことだ。実際に何かをやり遂げようと思ったら、じっくりと時間をかけて、少しずつ解決していくしかない。それを、長年の体験を通じて実感しているからなのだ。

10

「選挙は金次第」の常識を変えたトランプ

「サンダース・パラドックス」

アメリカの現在の選挙システムでは、大金を使ってコマーシャルを流せる候補しか勝てないというのが常識だった。そして、それだけの大金を集められるのは、特殊権益を持つ企業から寄付を受ける候補だけだ。外部政治団体（スーパーＰＡＣ）が大金を集められるようになった法の改定も、「選挙は金次第」の状況を悪化させた。

サンダースは、このような理由から「一握りの裕福な人々と特殊権益を持つ企業が、選挙の勝者を決めてしまうことになる」として、選挙制度改革を公約の上位に掲げた。

彼の主張が正しいとすれば「裕福な層と企業からの献金を受けた候補しか勝てない」ことになる。だが、この選挙では奇妙なことが起きた。

まずは、寄付金での「サンダース旋風」だ。大企業からの寄付がないサンダースが、支

候補者が集めた寄付金　（2016年6月22日時点、単位は百万ドル）

ヒラリー・クリントン	334.9
バーニー・サンダース	229.1
ドナルド・トランプ	67.1
ジェブ・ブッシュ	162.1
テッド・クルーズ	158.0
マルコ・ルビオ	125.0
ジョン・ケーシック	48.8

持者たちからの少額の寄付金を大量に集めたのだ。初期の寄付金の平均額は二七ドル（約二七〇〇円）で、サンダースは「二七ドル」を自分の運動の象徴としてスローガンに使った。

次に起こった奇妙な現象は民主党候補のほうが多くの政治献金を集めたことだ。

8章で書いたダークマネーや大企業からの献金が流れ込むのは共和党の候補のほうだ。だから大金を集めやすい。だが、今回の大統領選挙では、民主党の候補であるヒラリーとサンダースのほうが、共和党の候補らよりはるかに大金を集めた。とくに、サンダースは、ほとんどが個人からの資金だった。

「選挙は金次第」ではなかった

予備選前、専門家たちが共和党指名候補として本命視していたのは、父と兄が元大統領のジェブ・ブッシュだった。ブッシュの外部政治団体（スーパーＰＡＣ）は、予備選開始の一年前からすでに一億ドル以上の資金を集めており、ライバルを大きく引き離していた。フロリダ州出身の上院議員マルコ・ルビオもブッシュに近い資金を集めて有力視されていた。

これまでの常識なら、大金を使ってテレビやラジオのコマーシャルを流せるブッシュやルビオのような候補が有利である。

ところが、開幕戦に匹敵するアイオワ州の予備選では、ブッシュが一票の獲得に五二〇〇ドル（約五二万円）も費やしたのに対し、トランプは共和党のライバル候補の中で最少の三〇〇ドル（約三万円）だった。トランプは、ほとんど何もキャンペーンをせずにアイオワの予備選で二位になり、次のニューハンプシャーでは堂々と一位になった。

ルビオは、自分の本拠のフロリダで広告に八二〇〇万ドル（約八億二〇〇〇万円）も使った。そして、反トランプのスーパーＰＡＣも、トランプを中傷するコマーシャルに七四〇万ドル（約七億四〇〇〇万円）を費やしてルビオの援護射撃をした。しかし、それよりも少ない二二〇〇万ドル（約二億二〇〇〇万円）しか使わなかったトランプがフロリダで圧勝したのだ。

コマーシャルと金については、さらに皮肉な現象がある。

最後まで予備選を闘った候補のなかで、もっともコマーシャル代を使ったのはサンダースで、もっとも少なかったのがトランプだった。三月末の時点で、サンダースはヒラリーよりも六〇〇〇万ドル多くのコマーシャル代を使い、六月末の時点では、総合で二億一九九〇万ドルの政治資金を費やした。それは、ヒラリーの一億九五七〇万ドル、トランプの六三三〇万ドルを超えてトップだ。

つまり、「労働者階級のヒーロー」のほうが、「自称億万長者」よりも一桁も多い選挙資金を使ってコマーシャルを流していたのだ。

「ニュースジャッキング」で予備選に勝ったトランプ

トランプは、大統領選に出馬する前から、ツイッターでの発言が活発で、フォロワーも多かった。ライバルが金と労力を費やして支持基盤を作る前から、すでに五〇〇〇万人近いツイッターフォロワーという支持基盤があったことになる。

インターネット時代の群集心理を最大限に活用した候補がトランプだ。

彼は、移民、女性、イスラム教徒、ライバルなどへの暴言を繰り返すが、これは彼自身の意見を反映しているだけでなく、資金を効果的に使うための戦略でもあった。

トランプのツイッターでの活動と、ラリーでの観衆などを継続的に観察してきたマーケティング・ストラテジストのデイヴィッド・ミーアマン・スコット（筆者の夫）は、二〇一六年初頭から予備選でのトランプの勝利を予測していた。二〇一一年に彼が提唱した

「ニュースジャッキング（Newsjacking）」というマーケティングとPRのコンセプトをトランプが最大限に活用していたからだ。

これは、何か大きなニュースが起きたとき、大衆の興味がピークに達する前に、それに関する話題を提供し、自分のプロダクトやアイディア、情報を広めるという手法だ。ニュースをハイジャックするという意味で「ニュースジャッキング」と呼ばれる。無差別乱射事件などの悲劇が起きたときに銃規制の重要性を広めるのも「ニュースジャッキング」であり、この手法は良いことにも悪いことにも使われる。

トランプが行ったのは、利用される人にとっては攻撃の対象になる非常に迷惑なものであり、「ニュースジャッキング」の悪い例だ。しかし、現代アメリカの有権者にとっては、マーケティングとして非常に効果的だった。

トランプは、政治にかぎらずその時話題になっているトピックについて、素早く極端な意見をツイートをして、話題をハイジャックした。たとえば、ケイティ・ペリーが離婚したときには、直接本人に「ラッセル・ブランドみたいなルーザー（負け犬）と結婚するなんて、いったい何を考えていたんだ？」と批判し、エボラ熱が話題になると、オバマ大統領を名指しして「エボラ熱が流行っている国からのフライトを止めろ」と命じるといった調子だ。

このようなツイートは必ず炎上する。

日本でも、暴言や他人との言い争いが多い人のほうがツイッターのフォロワーは多くなるが、トランプは大統領選に出馬する前からそのことを肌感覚で知っていた。

選挙に出馬してからは、テレビの政治番組がトランプの暴言を取り上げて、毎日のように何時間も語るようになった。ネットにもトランプに関する記事があふれる。マスコミが騒ぐと、好奇心を抱いた人がツイッターをフォローするようになる。そして、無料のツイッターでライバル候補を批判し、あざ笑い、自分のラリーに導く。ラリーは一回で数千人を集めることができるので、時間とコストの節約ができる。

ライバルたちが、あまり効果がないコマーシャルに数百万ドルもかけているあいだに、トランプはタダでメディアに無料の宣伝をしてもらったのだ。

メディアでのマーケティング効果をデータ分析するmediaQuantによると、予備選の重要な前半が終了した三月末時点でトランプが得た「メディア・バリュー（広告に値する効果）」は、なんと二四億ドル（2.4 billion dollars）だという。つまり、トランプは、タダで二四〇〇億円もの宣伝をテレビなどのメディアでしてもらったことになる。なんと巧妙な戦略ではないか。だから、トランプは選挙資金をあまり集めずにすみ、共和党に頭を下げる必要がないと思い込んだのだ。

11

暴力を正当化した大統領選

トランプが最初に暴力を持ち込んだ

アメリカ大統領選は熾烈な戦いだ。汚い戦略もある。二〇〇〇年の共和党予備選では、ジョージ・W・ブッシュの選挙陣営が、ライバルのジョン・マケインについて、「黒人の隠し子がいる」と事実無根のスキャンダルを流したことがある。オバマとヒラリーが激しく闘った二〇〇八年の民主党予備選も、候補と支持者の心に深い傷を残した。だが、実際の「暴力」があちこちで見られるようになったのは近年では二〇一六年の大統領選が初めてだ。

選挙に「暴力」を持ち込んだのはトランプだ。

予備選が始まった二〇一五年の間は、小学校での「いじめ」のような発言だった。「低エネルギーのジェブ（ブッシュ）」、「ちびのマルコ」といったライバル攻撃、「メキシコはレイプ魔を送り込む」「イスラム教徒は我々を憎んでいる」というマイノリティへの差別発言、「誰の金（政治資金）もいらない。僕はものすごくリッチだから」といった呆れ果てる内容だったが、観衆は盛り上がる。

私が二月に行ったニューハンプシャーのラリーは、五〇〇〇人集まった観衆のほぼ一〇〇%が白人だった。トランプは「日本は何百万台もの車を送り込んでくるのに、東京でシボレーを見かけることなんかない。日本はいつもアメリカから搾取する」と日本バッシングをするのだが、そのたびに周囲の白人たちが私のほうを見るのがわかる。当時のラリーはまだ平和だったが、居心地はよくなかった。

トイレに行くと、白人女性が「日本から放射能がついたゴミが大量に流れ着いていて、オバマ大統領がそれを隠している。マスメディアが書かないのは、オバマと結託しているから。その事実を知っていて、解決できるのはトランプだけ！」と大声で話している。近くに来た人をつかまえて話しかけるくせに、私のことは嫌な目つきで眺めるだけで近寄ろうとはしなかった。

容易に想像できることだが、トランプの「ライバルの揶揄、移民批判、差別発言」の影響はアメリカ国内でいじめや差別というかたちで現れるようになった。二月の時点で、アイオワではバスケットボールの試合で負けた白人中心の高校の生徒らが、相手のラテン・

ヒスパニック系の移民が多い高校の生徒たちに向かって、「ミニ・メキシコ！」と揶揄し、「トランプ！」という応援チャントを合唱するという事件が起きた。全米でもっともリベラルといわれるマサチューセッツでも似たような事件が報告された。

いっぽう、トランプは抗議者のヤジに対して、自分の支持者に暴力で対応するのを促すようになった。

自分のイベントを妨害する黒人の抗議者に対して、「ここからとっとと連れ出せ」と叫び、後で「彼がやったことは、非常にむかつくことだから、痛めつけられるべきだ」とテレビの取材に答える出来事もあった。

また、トマトを持ってラリー会場に潜入した者がいると耳にしたトランプは、集まった観客に「もし、トマトを投げようとしている奴をみつけたら、徹底的に殴り倒してくれないか？　本気で言ってるんだよ。わかったかい？　いいから殴りつけてくれ。その弁護費用は僕が払ってやるから」と呼びかけた。

別のラリーでは、「昔は、こういう奴がいたら、ストレッチャーで連れだされたものだ（その人が群衆からリンチにあって立ち上がれない状態になるという意味）」、「顔を殴りつけてやりたい」とも発言している。

当然のように、トランプ支持者が抗議者を殴る事件も発生した。

サンダース支持者がトランプのラリーを妨害するために、この二つのグループの間での小競り合いはだんだん増えていった。

それがエスカレートしたのが、シカゴでのトランプのラリーの暴動化だった。

発端は、サンダース支持者の社会運動家ジャマル・グリーンが、フェイスブックで「みんな、このイベントのチケットを確保するんだ。潜入して#Shutitdown（閉鎖）するぞ！」と呼びかけたことだった。サンダースを支持する草の根政治運動団体「ムーブオン」も、抗議運動グループの要求に応えてプラカード作りや抗議の参加者集めを援助したのを認めている。

この抗議グループがラリー会場に多数潜入し、危険を察知したトランプ陣営がラリーを中止した。何時間も並んで待ったトランプ支持者はこの成り行きに怒り、会場に残ってステージを占領しようとした抗議グループともみ合いになった。白人の男性たちが若い黒人女性を取り囲んで手で突いているビデオも流出した。

会場の外ではさらに衝突が悪化し、警官も暴力の標的になった。その混乱のためだろう。暴動の様子を録画していたＣＢＳのカメラマンが背後から警官に襲われ、抵抗もしていないのに手錠をかけられて逮捕されるという事件も起きたほどだ。その状況はビデオに収められている。

ソーシャルメディアの攻撃性

ソーシャルメディアも、「憎しみ合い」や「暴力」の拡散に手を貸した。

ソーシャルメディアは、コストがかからず、しかも、またたく間に無制限にメッセージを広めることができる。だから、啓蒙や宣伝には効果的なツールだ。しかし、インターネットは、噂、中傷、陰謀説を広める恐ろしい武器にもなる。それが、大統領選を超えた、アメリカの社会全体にネガティブな影響を与えることもある。

そういう意味でこの武器をよく使ったのも、トランプとサンダース陣だった。

断っておくが、候補の政策や信念の良し悪しを評価しているのではない。ここで語るのは、彼らの選挙戦での振る舞いがアメリカ国民に与えた負の影響だ。

ツイッターをしている人なら思い当たるだろうが、人は、感情に直接影響を与えるツイートに反応するものである。ユーモアや感動的な話も人気があるが、悪口雑言や炎上を歓迎する人も少なくない。

「憎しみ」は人の心をかきたてる。特に、相手を悪者にすれば、自分が過激な言動を取っても「正義」の名のもとに正当化できるのが魅力だ。自分の言葉に反応する人が増えれば、心地よさも増幅する。「承認欲求」を満たす味をしめた人は、どんどん攻撃性を増していく。

トランプ支持者の言動が暴力的になるにつれ、サンダース支持者によるトランプのイベント妨害もエスカレートした。

カリフォルニアでは暴動に発展し、挑発していないのに怪我をしたトランプ支持者もいる。サンダース支持の若者に取り囲まれて行く手を塞がれた男性もいるし、トランプ支持者に向かって「アメリカ軍が世界で何人殺しているのか返事をしろ！」と叫び、「おまえは最低のばかやろうだ」と汚い言葉で罵り、唾を吐きかけるサンダース支持者もいる。それらのビデオも、ソーシャルメディアで流通した。

この予備選では二つのネガティブさが際立った。

ひとつは、トランプと支持者だ。

トランプはありとあらゆる人を汚い言葉で罵り、揶揄する。「アメリカの建て前」に不満を持っていた人たちは、そんなトランプを「よくぞ言ってくれた」と拍手喝采で迎えた。トランプというリーダーについて行けば、日常生活で何を言っても許されるという態度だ。

しかし、トランプの悪と戦っているつもりの、サンダース支持者たちの独善性も無視できない。特に「Bernie Bros（バーニー・ブロズ）」という現象だ。「ブロ」とはブラザーズの略で、とくに若いアメリカ人女性の間では、女性蔑視の言動をとる若い男性を意味する。バーニー・ブロズとは、サンダース支持で攻撃的な若い男性集団のことだ。

バーニー・ブロズの攻撃性

サンダースは、自分の支持者たちをコントロールしようとはしない。彼らが自主的に行う「革命」や「ムーブメント」は、彼ら自身のものだという立場だ。これも、若者が「バーニー」を敬愛する理由のひとつだが、リーダーが自分の支持者の言動を抑制しないと、暴走することがある。

とくに初期のうちは、暴走する若い男性支持者が「バーニー・ブロズ（Bernie Bros）」と呼ばれた。

筆者が初めてその現象を目にしたのは、前述のニューハンプシャーでの民主党イベントの場だった。

民主党全国委員長のデビー・ワッサーマン・シュルツがイベント開始のスピーチを始めたとたん、すぐにあちこちからヤジが飛び始めた。大声でヤジやブーイングをしているのは、若い男性たちだ。サンダースの名前をネオンのように光らせたプラカードを胸に掲げた男性は、「おまえは最低だ！」と大声で繰り返す。「メス犬」、「売女」といった汚い言葉も聞こえてくる。元ニューハンプシャー州の女性知事で現職上院議員のジーン・シャヒーンがヒラリー支持表明のスピーチをしている最中も、ブーイングや大声のヤジが続き、話がまったく聞き取れない。

サンダース支持のTシャツを着た六〇歳前後の女性が、見るに見かねて前の席の青年に注意したところ、彼は顔を真っ赤にして「憲法修正第一条で保障された表現の自由を知らないのか？　僕には発言の自由がある！」と、彼女に向かって怒鳴り始めた。

政治イベントには多く参加してきたが、このような暴挙を目撃したのは初めてのことだった。

こういった暴言は、ネットではもっと多い。

ソーシャルメディアやニュースメディアのコメント欄に、ヒラリーに対する人格攻撃を書きこみ、それに論理的に反論する女性がいれば、「自分のほうが正しい」という独善的な態度でその人の人格攻撃をする。しかも、上記のような女性蔑視の言葉を使う若い男性が多いのだ。

「体制」を象徴するヒラリーやその支持者を血祭りにあげるのは「正義のための戦い」だととらえている。自分の意見に合わない者は「悪」であり、その人が思想を広げるのを妨げるためなら、ある程度のことはやっても許されるという思い込みが言動に現れている。

ノーベル経済学賞を受賞したポール・クルーグマンも、彼らの攻撃対象になった。

クルーグマンはリベラルな経済学者として知られ、高所得者への税率を上げてスウェーデン並みにするのにも賛成している。だが、「理想主義は、現実主義の強い意志を伴ってこそ美徳」というサンダースに批判的なコラムを書いたときから、サンダース支持者にとって敵になった。

ツイッターには「クルーグマンは安楽な民主党のエスタブリッシュメントの味方」、「ヒラリーから閣僚の地位を約束されたんだろ?」、「アカウントを閉じろ」といったリプライが押し寄せ、彼のフェイスブックは「ちびの情けない男」、「知性のかけらもない」といったコメントで埋まった(フェイスブックは現在閉じている)。

元バーモント州知事で、二〇〇四年大統領予備選の候補ハワード・ディーンもまたサンダース支持者の攻撃ターゲットになった。

医師の資格も持つディーンは、州知事として州民皆保険を実現し、同性結婚の前提になった「Civil Union」を、キリスト教原理主義者からの脅迫にも負けずに可決し、予備選では「イラク戦争反対」を掲げて戦ったという、実績あるリベラルだ。

だが、ヒラリーを支持したために、サンダース支持者から、フェイスブックに「保険会社のロビーになったのか?」、「金は人間を腐敗させるよな」、「恥を知れ」「Hillbot(ヒラリー支持者の蔑称)」、「お前が予備選に負けてよかったよ」「道徳的に腐敗」と書き込まれた。

クルーグマンやディーンですら執拗な攻撃の対象になるのだから、ふつうの人が太刀打ちできるわけがない。したがって、ヒラリー支持者の多くはソーシャルメディアで黙りこんだ。ボストン・グローブ紙の記事にも、ヒラリーを支持する若者の悩みが書いてある。彼らは、周囲のサンダース支持者とはまともな対話ができないから隠れているしかない、と嘆いている。

聞く耳をもたない二つの陣営

もっとも許せないのは、トランプとサンダースの熱心な支持者が、インターネット、政治イベント、日常生活といった場で、他の候補の支持者を威嚇し、黙り込ませようとしたことだ。

トランプの強い支持者には「自分が正しいと思えば、相手を威嚇したり、いじめたりしてもいい」というマッチョな態度があり、サンダースの強い支持者には「革命のためには礼儀正しくなんかしていられない」という革命運動家の傲慢さがある。

この二つのグループの攻撃性は、選挙が進むにつれて、危険なレベルにエスカレートしてきた。

すでにFBIが「違法性なし」と結論を出したヒラリーのEメール疑惑について、トランプは、ディベートの場で「自分が大統領になったら、自分が任命した司法長官に特別検察官を任命させて、調査する」そして、自分が大統領だったら「（おまえは）牢屋にいるはずだ」と発言した。

トランプはそれ以前からラリーで「不正直なヒラリー(crooked Hillary)」というあだ名をつけ、ヒラリーがFBIや司法省を不正に操って逮捕を逃れてきたと説いてきた。観衆は、そのたびに「牢屋に入れろ!」と大声で合唱する。投票日が近づくにつれ、それに「殺せ!」という声が加わってきた。

トランプは、銃規制の推進に熱心なヒラリーが勝ったら、武器を所持する権利を認める「憲法修正第二条」を覆す最高裁判事を任命するだろうと支持者に伝えており、「ヒラリーはシークレットサービスを外したらどうなるか試してみるべきだ。修正第二条の支持者が自分の手で何かをするだろうから」と暗殺の可能性を示唆したこともある。

そのうちに、ヒラリー暗殺を堂々と語るトランプ支持者も出てきた。

トランプ陣営の退役軍人グループの共同委員長は、メディアの前で堂々と「ヒラリーは、謀反罪で、銃殺隊の手で死刑にされるべきだ」と言い、ある男性は、ウォール・ストリート・ジャーナルの記者の質問に対して、ヒラリーが当選したら「どんな手段を使ってでも消す(take out)」とはっきり答え、それが「愛国者」としての役割だと言った。ほかにも、ヒラリーが当選したら武力で「革命」を起こすと話す支持者は少なくない。

トランプとトランプ支持者の攻撃の対象は、メディアにも向かった。

世論調査での状況が悪化してきた一〇月中旬のラリーで、トランプは「この選挙は、メディアの八百長だ」と言い、自分が選挙に負けたら、それはメディアや政府による不正操作のせいだとほのめかしはじめた。観衆はそれに応えて、「CNNはくそだ！　CNNはくそだ！」と合唱し、ラリーが終わるやいなや、報道席を取り囲んで威嚇や侮辱の言葉を投げつけた。それは、魔女狩りの光景を想像させる恐ろしさがあった。

トランプ支持者の「ムーブメント」と、サンダース支持者の「政治革命」で正当化された暴力的な発想と不穏な空気は、大統領選が終わった後も収まらなかった。トランプ勝利を祝う支持者による差別的な事件が相次いで報告され、アンチ・トランプのデモでは、アナキストのグループが建物を破損したり、トランプ支持者に暴力を振るったりする事件もあった。

この大統領選挙でもっとも嘆かわしいのは、「差別、暴言、暴力」が入ったパンドラの箱を、正義の名のもとに開けてしまったことだ。

12

トランプにハイジャックされた共和党

よそ者トランプの躍進

二〇一五年にトランプが出馬を発表したとき、共和党のリーダーたちは彼を「冗談候補」と軽くみなしていた。保守系のジャーナリストらも、「絶対にありえない」と嘲笑していた。政治のしろうとだというだけでなく、選挙資金を集める方法も知らず、地上戦を闘ってくれる組織も持っていないからだ。これまでよそ者だったトランプには、共和党内に人脈もなかった。

「金と組織がないと大きな選挙には勝てない」それがこれまでの常識であり、その条件を満たしていた候補は、ジェブ・ブッシュ、マルコ・ルビオ、テッド・クルーズの三人だった。ところが、数多くの候補でスタートした共和党予備選は、トランプの下品なジェスチャーや暴言に感化され、またたく間に泥仕合になった。

トランプの暴言に少しでも抗った候補は、ジェブ・ブッシュ：#LowEnergy（エネルギーがなくて、しょぼい奴）、マルコ・ルビオ：#LittleMarco（ちびのマルコ）、テッド・クルーズ：#lyingTed（嘘つきテッド）、というありがたくないニックネームとハッシュタグを受け取り、ネットでトランプ支持者たちから嘲笑された。

共和党のリーダーたちは、この時になっても、トランプの子どもじみた戦略が有効だとは思わなかった。

だが、有権者は「プロの政治家」の期待を裏切った。

トランプの差別用語、真っ赤な嘘、ネットいじめを咎めるどころか、「票」という褒美を与えたのだ。そのうちに、共和党予備選は、孤島で参加者が心身ともに泥仕合をして勝ち残る「サバイバー」のようなリアリティ番組になってしまった。

予備選の流れを決めるスーパー・チューズデーでトランプが圧勝し、共和党はようやく事態の深刻さを理解し、パニックに陥った。

党内に人脈がない「よそ者」のトランプが、いきなり飛び込んできて、共和党の有権者をどんどん奪い、党のエスタブリッシュメントが推す立派な経歴の候補らを退けて、予備選に勝とうとしているのだ。

元共和党下院議員で現在はMSNBC局の政治番組を司会するジョー・スカボロは、この状況を、企業の「敵対的買収」にたとえた。通常、会社が別の会社を買収するときには、双方の親会社や取締役などが細かいところまで話し合う。だが、「敵対的買収」では、相手の意向などは無視し、株を買い集めて、その企業を買収する。トランプは共和党の敵対的買収をしているのだ。

第七代アメリカ大統領アンドリュー・ジャクソンの伝記でピューリッツァー賞を受賞したジョン・ミーチャムの説明は、もっとわかりやすい。

「ドナルド・トランプは、政党をまるごとハイジャックするのに成功した。パイロットたちは、なぜ乗客の誰も自分の味方になってくれないのかまったくわからない。彼らはハイジャッカーのほうを拍手喝采で歓迎しているのだ」

共和党にこの危機をもたらした張本人は、国や国民のための政治よりも「民主党に勝つ」ことを優先してきた共和党のリーダーなのだ。

「無教養の貧困者」を利用したつもりの共和党のエリートたち

2章で語ったように、共和党と民主党は誕生したときからずいぶん変わった。

南北戦争時代の共和党は、黒人奴隷制度に反対する党で、南部を本拠地にする民主党のリーダーは奴隷所持者だった。現在、人種差別に強く反対するのは民主党のほうだ。二大政党の変遷については2章に書いたが、近年での共和党のターニングポイントは、ジョージ・W・ブッシュが当選した二〇〇〇年の大統領選挙だった。

四三代ブッシュ大統領の父で四一代ブッシュ大統領の時代には、共和党と民主党の違いは今よりずっとシンプルだった。争点は、「富の再分配」だった。

共和党は「市場原理型資本主義」。つまり、企業や個人の税金を下げ、公共機関や福祉への出費を最小限にする。その方が、庶民にも富が浸透し、国全体の経済力と国力を上げるという立場だ。結果、大企業優先、規制緩和、民営化推進になる。

民主党は「福祉国家型資本主義」。つまり、税金で公共機関や教育、福祉の充実が国力を上げるのを良しとする立場だ。

当時の共和党には学歴と収入が高い層が多く、戦後から二〇〇〇年ごろまでは「エリートの党」だった。政策で恩恵を得るのも大企業や企業の重役など高収入層だ。

けれども、ジョージ・W・ブッシュの選挙参謀は、経済政策よりも、キリスト教原理主義が重んじる「中絶反対」「同性愛反対」といったメッセージを堂々と掲げ、民主党内で不満を持つ宗教右派を大量に共和党に取り込んだ。そのために、これまでの典型的な共和党員とはずいぶん異なる、「低学歴」「低所得」の層が増えた。

この時点では、高学歴で裕福な共和党エスタブリッシュメントは、「大統領選で勝っために、無教養な貧困者を利用してやろう」くらいに軽く考えていた。

何千人から何万人の信者を持つ宗教右派の巨大教会は、票を動かすパワーを持っている。そんな彼らは、共和党の内部で瞬く間に勢力を拡大し、二〇〇八年の選挙で現れたのが、オバマ候補に反対する人種差別的で過激な「ティーパーティー」だった。

彼らにもてはやされたのが、共和党副大統領候補に選ばれたサラ・ペイリンだ。このころには、すでに共和党内部に、「アンチエリート」、「アンチ知性」の「反知性主義」が蔓延していた。

そうこうしているうちに、民主党と話し合って解決策を出すタイプの知的な政治家は選挙で破れ、次々と姿を消していった。今の共和党では、「中絶反対、同性結婚反対」を大声で叫ばなければ予備選には勝てないというのが常識だ。現下院議長のポール・ライアンも、ティーパーティーの強い支持を受けて共和党の若きリーダーになった。

ところが、共和党エスタブリッシュメントが騙して利用しているつもりだった「無教養の貧困者」たちが増えるにつれ、彼らは党のリーダーのいうことをきかなくなってきた。彼らが、「政治家は何もしてくれない」と不満をつのらせているときに颯爽と現れたのがトランプだった。

予備選でトランプが善戦していたとき、共和党エスタブリッシュメントは焦った。そこで考慮したのが、「ブローカー・コンベンション（Brokered Convention）」と呼ばれる奥の手だった。トランプが代議員の過半数を獲得することに失敗したら、党大会でトランプ以外の候補を選ぶ「どんでん返し」の技が使える。ごく単純に説明すると、予備選の勝者ではない候補者を、「談合」で「党の指名候補」に選んでしまうという裏ワザである。

トランプが過半数を獲得するのを止めるために、二〇一二年の大統領候補だったミット・ロムニーは反トランプの活動を始めた。スピーチでトランプを激しく批判し、ライバル候補を応援したのだ。

いっぽうで、トランプとサンダースが共和党と民主党の指名候補になったら、前ニューヨーク市長のマイケル・ブルームバーグが出馬するという噂も流れた。

通信会社ブルームバーグの創始者のブルームバーグは、社会的にはリベラルで、経済的には資本主義者だ。しかし、政治的には、右でも左でも、理想論を優先する党政治を徹底的に嫌う現実主義の中道派だ。世界の長者番付の上位にランキングされる大富豪でもあり、ニューヨークに尽くすために市長になったので、市長時代の自分の給料を年間一ドルにしたという有名な逸話がある。

中道穏健派の人々は期待したが、ブルームバーグも出馬を断念した。

反トランプ候補を統一できなかった共和党

むろん、共和党エリートは「トランプ大統領の誕生阻止」にやっきになった。アメリカの富と直結する強力な党を動かしてきた共和党エスタブリッシュメントなのだから、力を合わせれば、一人の人間くらいなんとか止められそうなものだ。

だが、彼らがどんなにお金を費やしても、トランプの勢いを止めることはできなかった。大衆が、大手メディアやテレビ広告を信じなくなっていたからだ。

そのうえ、共和党エスタブリッシュメントは、トランプに対抗する候補をひとりに絞って応援することができなかった。ここにもトランプの勝因がある。

五月三日のインディアナ州の予備選まで残った候補はテッド・クルーズとジョン・ケーシックの二人だけであり、代議員の数でわずかながらも勝ち目があるのはクルーズのみだ。だが、クルーズの問題は、トランプとは別の意味で共和党のエスタブリッシュメントに嫌われていることだった。

クルーズについて、共和党議員たちは公の場で堂々と批判した。

「党の指名候補にトランプを選んでもクルーズを選んでも同じ結果になる。銃殺だろうが毒殺だろうが、たいして重要な違いじゃないだろう？」（リンゼー・グラム上院議員）

「上院の議場でテッド・クルーズを殺しても、もし裁判が上院議員で行われるなら誰も罪

には問わないよ」（リンゼー・グラム共和党上院議員）
「（クルーズは）悪魔の化身（Lucifer in the flesh）」「私はだいたい誰とでもうまく付き合える。けれども、（クルーズほど）惨めったらしい、ろくでなし（miserable son of a bitch）と一緒に仕事をしたことはこれまでないね」「私の目の黒いうちは絶対に大統領にはならせない（over my dead body）」（ジョン・ベイナー元下院議長）
（ベイナーの発言を受けて）「テッド・クルーズと比べるなんて、（悪魔の）ルシファーのイメージを汚して失礼かもしれない」（ピーター・キング下院議員）
「（大統領には）経験がある人が必要であり、共和党にはいい候補がたくさんいます。私はほぼみんな好きですよ。クルーズ以外は」（ボブ・ドール元共和党指名大統領候補）
「私はテッド・クルーズが大嫌いだ。彼が指名候補に選ばれるようなことがあったら、青酸カリを飲もうかと思う」（ニューヨークの予備選前にピーター・キング下院議員）
この雰囲気を客観的に伝えるのが、ピューリッツァー賞を受賞している保守寄りの政治コラムニストであるチャールズ・クラウスマーの言葉だ。
「（エスタブリッシュメントが最終的にトランプを推すと自分が思う理由は）、上院で（クルーズを）知る者すべてが彼を嫌悪していることだ。この『嫌悪する（hate）』という表現は、決して誇張ではない」

「あれも、これも嫌」という共和党エスタブリッシュメントの心境について、オバマ大統領は、四月三〇日のホワイトハウス記者協会主催夕食会で次のような冗談を言った。この夕食会は、ときに自虐的、ときに鋭い皮肉があるユーモアスピーチで有名だ。

「今夜の夕食会の招待状への（共和党出席者の）混乱がいい例だ。ステーキか魚料理かのどちらかを選んで返事をするように頼んだのに、君たちの多くは、『ポール・ライアン（現在の共和党下院議長）』と書きこんでいるんだから。それはメニューの選択肢にはないよ。ステーキか魚料理だ。ステーキも魚料理もどっちも好きじゃないかもしれない。でも、それが君たちの選択肢だ」

この状況について、ケーシックは、「この選挙でアメリカ国民が直面する二つの選択肢について話そうと思う。……二つの非常に異なる道だ。ひとつは、恐怖や怒りを食い物にし……もうひとつは互いを『嘘つき』と呼び合うもの」とトランプやクルーズを非難し、自分が提供するのは、国民をまとめ、暗い方向ではなく、明るい方向に目を向けさせるリーダーシップだとアピールした。

ケーシックは、ビル・クリントン政権当時に予算の均衡のために民主党と協働し、オハイオ州知事時代にも同じように民主党の議会と協力して予算を均衡させた。共和党は、クリントン大統領の時代よりも保守的になっており、「ケーシックはわれわれの仲間ではない」と感じる議員は少なくないようだが、古株の共和党員としては、最後の生き残りにはちがいない。

つまり、ケーシックは、「ステーキか魚」のかわりに、「ステーキかチキン」という選択肢を提供したのだ。「ステーキなら共和党は銃殺される、でもチキンなら生きのびる可能性はあるよ」という共和党エスタブリッシュメントへのアピールでもあった。

しかし、共和党エスタブリッシュメントは何の対策も立てず、有権者はトランプを選び続け、クルーズもケーシックも撤退することになった。

共和党のこの「お家騒動」は、予備選が終わってもおさまらず、しだいに「内戦」の様相を示すようになった。その戦争を開始したのは、もちろんトランプである。

この続きは、17章で語ろう。

13

信頼と忠誠心を失った民主党

サンダース陣営の二面性

サンダース陣営と民主党は、予備選スタート時点から複雑な関係にあった。

2章と4章に書いたように、長年無所属を貫いてきたサンダースは「大統領選に出馬する」という目的で民主党に加わった。つまり、信念で加わったわけではなく、自分の目的のために民主党という組織を利用したわけだ。

民主党は最初からそれを承知していたが、「どうせ彼に勝ち目はないだろう」と寛容にかまえていたところがある。

ところが、予想もしなかった「サンダース旋風」が起こり、サンダース陣営は、勝利を確信し始めた。サンダース陣営と支持者から「民主党はヒラリーに肩入れしている」、「投票に不正がある」という不信感が生まれたのは、ヒラリーの勝利が続き、代議員の数に差が生じ始めたころだ。民主党とヒラリー陣営に対する彼らの不信感は、次第に攻撃的な抗議活動に変わっていった。

公共ラジオ放送NPRの記事は、「サンダースの選挙キャンペーンは、多くの面で愛の革命であり、団結、多様性、すべての人の繁栄のメッセージでもある。だが、この表層の下に、怒りの行使としてのサンダース・ムーブメントがある」と、サンダース現象の二面性を説明した。

「時間がたつにつれ、怒りのムーブメントの面が自明になってきた。サンダースの対戦相手であるクリントンだけでなく、彼女が属している党、彼女の報道をするメディア、そして、サンダースの支持者の多くが信じるところの不正に操られた選挙システムに対する明白な怒りだ」。そして、「強固な支持者にとって、バーニー・サンダースは真実であり光である。彼らの瞳からそれが読める。だが、それだけでなく、彼らにとってヒラリー・クリントンは嘘と闇なのだ」と。

サンダース陣営は「特別代議員の制度は不公平だ」と民主党を攻撃するが、これは、サンダースが加わる前から存在した制度である。予備選のルールを承知の上で民主党に加わったのに、途中でルールを変えろというほうが間違っている。

こういったサンダース陣営の振る舞いに、民主党のリーダーたちは苛立っていた。

民主党エスタブリッシュメントには、もともとヒラリー寄りの者が多かった。長年ヒラリーが選挙の応援や選挙資金集めなどで貢献してきた仲間だし、一緒に政策を推し進めてきた民主党員同士の忠誠心がある。だから、ヒラリーを応援する者が多いのは当然なのだ。そういう関係を構築してこなかった者から「自分を愛してくれないのは不公平」と文句を言われても、「はいそうですか」と同意する者はいない。かえって敵意を抱いてしまうこともある。

このように、サンダース陣営と民主党幹部の間には、しだいに深い溝ができていた。ヒラリーが予備選での勝利を決めた後に、ソーシャルメディアで「バーニーでなければ破壊（BernieOrBust）」という活動が生まれたのは、このような背景がある。

彼らは、ヒラリーを「嘘つきで誤魔化し屋、ウォール街支持、石油ビジネス支持、私立刑務所支持、（シェールガス採掘の）水圧破砕法支持、モンサント（遺伝子組み換え食品の大企業）支持、上位一％の高収入者支持、プログレッシブ派のリベラルではなくマイルドな民主党にすぎない、犯罪者（電子メール疑惑）でもうじき逮捕される」と主張する。

また、「予備選で実際に勝ったのはサンダースなのに、民主党全国委員会が八百長でヒラリーの勝利を決めた」というのも、よく耳にした意見だった。

ようやくサンダースがヒラリー支持を公式発表し、憤りが静まる可能性が見えたのだが、そんなときに、ウィキリークスが民主党全国委員会（DNC）のデビー・ワッサーマン・シュルツ委員長ら幹部数人の合計約二万通に上るメールのやりとりを公開した。

ウィキリークスが公開した民主党のメール

それは、七月二五日からの党大会開催の目前だった。

流出したメールの中には、DNCを攻撃するサンダースの取り扱いについて弁護士に相談するものや、サンダースの信頼を失墜させる方法を探るものもある。例えば広報担当者と広報部長との次のようなやりとりだ。

広報担当者「バーニー（サンダース）の行動が一貫していないことや、陣営がめちゃくちゃだということを（報道に）伝える良い実例がないか考えている」

広報部長「それは事実だが、（ワッサーマン・シュルツ）全国委員長は、関わるなと指導している。だから、そのままにしておくしかない」

さらにダメージが大きいのが民主党全国委員のCFO（最高財務責任者）という重責にあるブラッド・マーシャルのメールだ。

「（サンダースは）神を信じるのか？　彼は、ユダヤ人の血を受け継いでいると答えをはぐらかせているが、私は彼が無神論者だと耳にしたことがある。私の地元の人にとってこれは数%の違いがある。地元の南部バプテスト(キリスト教プロテスタント)の信者にとって、ユダヤ人なのか無神論者なのかは大きく異なる(神を信じるユダヤ人は受け入れられるが、無神論者はそうではない)」

このように、サンダースの宗教観をヒラリー寄りのPRに利用しようとする態度はリベラルとして非難されて当然だ。

サンダース支持者らは、予備選の期間中「民主党がヒラリーを勝利させるよう仕組んだ」「システムはrigged(不正操作されている)」と訴えてきた。彼らにとってこれらのメールはそれを裏付ける証拠なのだ。

とはいえ、流出したDNC幹部らのメールには、ヒラリー自身がDNCに不正操作を依頼したり、示唆したりした証拠はない。むしろ民主党とDNCを攻撃するサンダースと支持者、それに好意的な報道機関に対するフラストレーションと反発が書き連ねられている。全国委員長のワッサーマン・シュルツが自分への個人攻撃に対し、「それについて語りたい」とメールをした相手はNBCテレビの政治部ディレクターのチャック・トッドだが、トッドは「誰かが報道内容に文句をつける。この程度のことは、我々が関わるすべての選挙陣営との間で起こる日常茶飯事だ」と、メールの内容は取るに足らないことという態度だった。

理由がどうであれ、中立であるべきDNCがヒラリー陣営に肩入れしていただけでも、

民主党の党大会で、仲良く並んだヒラリーとサンダース。

サンダースと支持者にとっては十分な「不正」だ。憤ったサンダース支持者は、ツイッターで#DNCleakをトレンドのトップに押し上げた。

このメール流出は、副大統領候補発表という重要なPR効果をかき消しただけでなく、サンダースがヒラリーを公式に支持した一二日のイベントで「団結」と「癒やし」のプロセスが始まっていた民主党の傷をまた大きく広げてしまったのだ。

この事件の影響についてサンダース支持者の二人の若者にたずねたところ、大学生のエリックは「内容には驚いていない」と答え、高校生のポールは「むしろ、これまで『陰謀論者』扱いされてきた自分たちの主張が正しかったことを認めてもらえてよ

あった。

だが、ヒラリーを支持できるかどうかになると、支持者の間で微妙な意見の食い違いがかった」と答えた。

高校生のポールは「革新的なサンダース支持者が（ヒラリー支持に）乗り換えるとは思えない。多くは（アメリカ緑の党の）ジル・スタインに投票するだろう」と言い、息子の影響で政治に興味を抱くようになった母親のリサは、「トランプには投票しないが、誰に投票するか現時点ではわからない」と、ヒラリー支持をためらった。彼らは自分のことのように傷ついているのだった。

このような不穏な状況でスタートする民主党大会は、荒れることが容易に想像できた。

Ⅳ

泥仕合の本選

14

移民の国「アメリカの本質」

党大会は、「予備選で勝った候補を公に指名する」という意味では、形式的なものだ。しかし、候補を国民に紹介し、好感を抱いてもらうPRの機会として、非常に重要だ。

お家騒動が際立った共和党大会

ところが、民主党より先にオハイオ州クリーブランドで開始した共和党大会では、お家騒動だけが際立った。

通常の共和党大会では、歴代の大統領、これまでの指名候補、党のリーダー、最終的に指名候補の支持を表明した予備選のライバルが出席し、候補を讃える演説をして盛り上げる。

ところが、今年の党大会では、四一代と四三代ブッシュ大統領、二〇〇八年の指名候補ジョン・マケイン、二〇一二年の指名候補ミット・ロムニー、といった重鎮が次々と欠席を表明した。予備選でライバルだったジェブ・ブッシュ元フロリダ州知事、リンゼー・グラム上院議員、オハイオ州知事ジョン・ケーシックらは出席を拒むだけでなく、トランプ支持も拒んだ。

共和党大会の開催地であるオハイオ州の知事は、会場警備などの舞台裏を引き受けなければならない。その大役を務める州知事のケーシックが大会そのものに欠席するというのは、異常事態と言える。

七月一八日にスタートした共和党大会は初日から大荒れだった。

代議員の過半数を集めたアイオワ、ワシントン、ミネソタ、コロラド、メイン、ユタ、バージニア、ワイオミング、ワシントンDCの九つの州が、「トランプ指名候補決定」という結果に同意するだけの形式的な投票ではなく、代議員が自分の良心に従って投票（点呼）できる特殊なルールを使う嘆願書を出したのだ。しかし、投票のときになって、ルール委員会の共同委員長がその嘆願を無視したので会場に「call the roll（点呼せよ）！」という抗議のチャントが広まった。だが、この努力は結局失敗してしまった。そして、コロラド州の代議員の多くが抗議として会場を去った。

アンチトランプのグループは、トランプが指名候補になるのを阻止することはできなかったが、「共和党はトランプ支持で団結していない」というイメージを全米に伝えることには成功した。

そんな揉め事があった月曜のハイライトは、メラニア・トランプ（トランプの三番目で現在の夫人）のスピーチだった。メラニアはスロベニア出身の元モデルであり政治家ではない。大衆の前での演説は初めてで、しかも英語は母語ではない。なのに、大舞台を落ち着いた態度でこなしたメラニアへの評価は当初高かった。

ところが、それから数時間もたたないうちに「メラニアのスピーチは盗作だ」という情報がツイッターに流れた。二〇〇八年の民主党大会で聴衆を感動させたミシェル・オバマのスピーチをコピー・ペーストしたとしか思えない酷似した部分があったのだ。この事実は、明け方には大手メディアにも広まっていた。

このスキャンダルが鎮火しないうちに民主党大会がスタートした。

「アメリカの本質」を見せつけた民主党大会

翌週の二五日からフィラデルフィアで始まった民主党大会も、波乱の幕開けだった。

メール流出事件の後、民主党全国委員の副委員長ドナ・ブラジルがサンダース陣営を訪問して陳謝し、二四日のテレビ番組で「（民主党全国委員による不正の）疑惑、メール、無神経さ、愚かさに対応する必要がある」と語った。それでも事態は収まらず、大会当日に民主党全国委員長のデビー・ワッサーマン・シュルツが辞任し、ブラジルが暫定委員長に就任することになった。

初日のテーマは「United Together（一体になり結束する）」で、スピーチをしたのは、明らかにサンダースと彼の支持者を配慮した人選だった。

上院議員の中で唯一サンダースの支持者だったジェフ・マークレイ、有名な女性コメディアンで熱烈なサンダース支持者のサラ・シルバーマン、改革派に人気があるエリザベス・ウォーレン上院議員、サンダースから民主党のプラットフォーム委員として任命されたキース・エリソン下院議員らのスピーチが続き、もっとも重要な「トリ」がサンダースだった。そして、予備選で敗北したサンダースの政策の多く（最低賃金一五ドル、警官による銃撃事件に関する刑事司法強化、マリファナの合法化、ウォール街改革、死刑廃止、炭素税）を、ヒラリーが政策プラットフォームに取り入れたところにも、民主党を一体化させようとする努力が見られた。

だが、サンダース支持者の怒りと民主党への不信感は、そう簡単に鎮めることはできなかった。

会場が荒れることを予感させたのが、党大会開催前にサンダースが別の会場で支持者に行ったスピーチだった。ヒラリーの支援を呼びかけたとたん、会場にブーイングの嵐が起こり、サンダースがしばし言葉を失って会場を見渡す場面があった。

予備選でサンダース支持だったマークレイやシルバーマンまで野次で妨害されるという荒れた雰囲気を変え、「アメリカとは何か？」という本質に迫ったのが、二つのスピーチだった。

最初は、ファーストレディのミシェル・オバマ大統領夫人のスピーチだ。

ミシェルが壇上で公式にヒラリー支援を宣言したとき、サンダース支持者からは、ブーイングや「バーニー！　バーニー！」というチャントが起こった。

そのとき、ミシェルは「八年前に（予備選に敗れたヒラリーが）指名を得ることができなかったとき、彼女は怒ったり、幻滅したりはしなかった」と、スピーチで間接的にたしなめた。

アメリカのポジティブな面に焦点を絞ったミシェルのスピーチは、怒りや憎しみをかきたてるトランプとは対照的で、特に次の部分は聴衆全体の心を掴んだ。

「私は、奴隷が建てた家（ホワイトハウス）で、毎朝目覚めます。そして、私の娘たち、賢くて美しい二人の若い黒人女性がホワイトハウスの芝生で犬と戯れるのを眺めます。ヒラリー・クリントンのおかげで、アメリカ国民全員の子どもたちが、女性が大統領になるのを当たり前だと思えるようになるのです」

だが、民主党大会で、もっとも多くの国民の心を掴んだのは、政治家でも有名人でもなく、無名の国民だった。

ヒラリーの招待で民主党大会の壇上に立ったキズル・カーンは、パキスタン系のイスラム教徒の移民で、アメリカ国籍を持つ弁護士だ。息子フマユン・カーン大尉は、二〇〇四年にイラク戦争で自爆テロに遭い戦死した。

「ドナルド・トランプ。あなたは、アメリカの未来を預けてくれと言う。だが、その前に質問させてもらいたい。憲法を読んだことがあるのか？　ないなら、私が持っている冊子を喜んで貸してやろう」

トランプはこれまで、「イスラム教徒のアメリカ入国を禁止する」「イスラム教テロリストの家族を皆殺し（take out）にするべき」「アメリカのイスラム教徒はテロリストを警察から隠している」などといった発言や示唆を繰り返してきた。トランプの発言の数々は、第二次世界大戦で日系アメリカ人が強制収容所に入れられた暗い歴史の復活を思わせる。現在、排斥のターゲットになっているのがイスラム教徒だ。

それとは対照的に、民主党大会で何度も繰り返されたのは「人種や宗教にかかわらず、われわれ全員がアメリカ人だ。国民同士が背を向け合ってはならない。手をつなぎあうことで強くなろう」というメッセージだ。

アメリカのために闘い、アメリカ人の戦友を守って亡くなったカーン夫妻の息子はイスラム教徒だが、その前に「アメリカ人」だ。

悲しみを抑えて強い口調で呼びかけたカーンの言葉は、それまでのスピーチに抗議のブーイングをしていた人々を黙らせ、出席者全員の心を掴んだ。

最近続いているテロ事件で、欧州でも移民問題が注目されている。だが、欧州とアメリカのどちらにも住んだことがあるアメリカ人がよく語るのは、「欧州とアメリカでは移民の立場が違う」ということだ。イギリスとスイスで暮らした経験がある筆者も同様の意見だ。欧州では、元からの住民と移民がなかなか同等になれない。いつまでたっても、生粋の国民はキリスト教徒の白人だ。だから、外見が異なる移民は、どんなに努力しても、二流市民として同等に扱ってもらえない。日常生活で見下げられて嫌な思いをするだけでなく、就職でも不利になる。移民一世は最初からそれを承知で溶けこむ努力をするが、その国で生まれた二世は差別の不条理に絶望し、憤りを抱きがちだ。

一方、アメリカはもともと移民の国だ。アメリカではまだ白人のキリスト教徒がマジョリティだが、それが「アメリカ」ではない。憲法が宗教や人種による差別を禁じ、国民全員の平等を約束している。その根本的な原則で繋がっているのが「アメリカ」なのだ。

むろん、人種差別はまだ存在するし、数々の人権問題もかかえている。だが、アメリカは進歩もしてきた。だから、絶望するのではなく、より良い未来に向けて改善することに力をそそぐべきだ。それが今回の党大会で民主党とヒラリーが示した立場だ。

だが、トランプは、アメリカ人を「移民」「イスラム教徒」「黒人」といったグループで括り、それ以外の国民の恐怖心をかきたて、白人と対立させた。票の獲得には、この戦略が有効だったからだ。

トランプに対するカーンの問いかけでは、トランプを変えることはできない。それはカーンも承知しているはずだ。カーンが語りかけている相手はトランプではなく、トランプに惹かれているアメリカ国民なのだ。

「アーリントン国立墓地に行ったことがあるのか？　行って、アメリカ合衆国を守って死んだ勇敢な愛国者の墓碑を見るといい。彼らがあらゆる宗教、性別、人種だとわ

選挙の前日のラリーで、応援演説をするオバマ大統領。

かるだろう。あなたは、何も犠牲にしていないし、（大切な人を）誰も犠牲にしていない」

カーンは、「不満や不安」を選ぶアメリカ人を恥じさせ、「アメリカの良心とプライド」を思い出させた。短いスピーチだったが、ある意味ミシェル大統領夫人の感動的なスピーチよりもパワフルだった。

二つの党大会の差を示すかのように、この後、世論調査でヒラリーは躍進した。

15 大統領ディベートとその効果

九月二六日、ヒラリー・クリントンとドナルド・トランプによる初めてのディベートが行われた。

知識と経験では政界で右に出るものがいないと言われるヒラリーと、暴言だらけのトランプがどんな討論をかわすのか、アメリカ国民の期待は高まった。そのために、視聴者は八四〇〇万人を超え、アメリカ史上最も視聴率が高い大統領ディベートになった。ディベートは、選挙の流れを変える可能性がある重要なイベントだ。

七月末の民主党大会の成功とトランプの失言で、ヒラリーは一時期トランプに大きく差をつけていた。ところが、その後トランプの暴言が減り、話題に事欠いたメディアは、ヒラリーのEメール疑惑を繰り返した。そのためか、ディベートの前にはヒラリーのリードが消え、世論調査はほぼ五分五分になっていた。

八四〇〇万人が息を呑んで見守るなか、最初のディベートが始まった。

司会はNBC局のベテランニュースキャスターのレスター・ホルト。トピックは「国の繁栄」、「アメリカの方向性」、「国家の安全」の三つで、貿易、税制、雇用創出、外交、犯罪、人種問題などについてホルト自身が質問を作成した。

ディベート皮切りは、「国の繁栄」がトピックだ。雇用創出と国民の収入の問題について、ヒラリーは「最低賃金保証」と「男女の賃金格差の解消」など具体的な例をあげて説明したが、トランプは具体的な政策は提示せず、「政治家はこれまで何もやらなかった」、「クリントン国務長官は、口ばかり。過去三〇年何をやってきたのだ？」と攻撃に徹した。

政策を重んじる知識層にとっては、この時点ですでにヒラリーが有利だったが、残念なことに、大統領選ディベートの勝敗は討論の内容や質では決まらない。

二〇〇〇年の大統領選挙でのジョージ・W・ブッシュ対アル・ゴアのディベートでは、内容では完璧なゴアの勝利だった。ところが、答えに詰まって宙を見つめたり、的が外れた回答をしたりするブッシュに対して嘲笑の表情を浮かべたゴアに、アメリカの庶民は反感を覚えた。その結果、かえってブッシュの支持率が上がった。

政策を理解するためには、政治経済の基本的な知識とボキャブラリーが必要だ。だが、大半のアメリカ国民にはそれがない。ゆえに、ボディランゲージや表情、言葉の強さなどで感情的な判定を下すのだ。

今回のテレビ放送は、両者の表情を常に横に並べる「スプリットスクリーン」方式だった。相手が話しているときの反応も見えてしまうので、候補にとってはリスクが高い。けれども、視聴者にとっては、両方のボディランゲージを同時に観察できるので興味が増す。

これを念頭に第一回のディベートを観察したところ、準備万端で挑んだヒラリーのほうは最初のうち硬い印象があった。

トランプのほうは「準備をせずに、ありのままの自分で対応する」という戦略なのが明らかだった。ふだんの自分らしく攻撃に徹したトランプは、最初のうちは、製造業の不振で多くの職が失われた中西部や地方の住民の代弁者としてしっかりアピールしていた。

だが、本選のディベートは、多くの候補が並んだ共和党の予備選とは異なる。九〇分のディベートは、マラソンのようなものだ。基礎体力がなければ最後まで走りきることはできない。一対一だから休む暇はなく、質問はシビアだ。準備不足のトランプはじきに、あちこちでボロを出すようになった。

スプリットスクリーンのリスクを承知しているヒラリーは、トランプの発言中に感情を表さないように注意を払っていた。いっぽうのトランプは、ヒラリーの発言を何度も遮り、声を荒らげ、鼻を鳴らし、顰め面や嘲笑いの表情を浮かべ続けた。

それを見た視聴者は「トランプはナーバスになっている。感情をコントロールできない。傷つきやすい」という印象を抱いた。

また、最初は好調に飛ばしていたトランプだが、ヒラリーの巧妙なジャブにつられて威力がないパンチを返すうちに冷静さを失い、中間地点で息切れになっていた。疲労が言動に出ているときに、元気いっぱいのヒラリーに対して「スタミナ不足」と批判したのも失敗だった。ディベート終了寸前には、トピックを離れた意味不明の発言まで交じるようになり、観ているほうが辛くなるくらいだった。

これらを反映し、ディベート直後のCNNの世論調査では、六二％がクリントン勝利、二七％がトランプ勝利という結果だった。政治アナリストは、保守、リベラルをあわせて、ほとんどがクリントン勝利で一致していた。

ところが、オンラインの世論調査では「トランプ勝利」が圧倒的に多かった。ツイートで「日本ではトランプ勝利だという情報が多い」と教えてくれた人がいたが、私は特に不思議な現象とは思わなかった。ツイッターだけで予備選を勝ったトランプにはソーシャルメディアを利用する根強い支持層がある。彼らがネットでの世論調査に影響を与えるのは当然のことだ。

じつは、「ディベートでの敗北」を明らかにしたのは、トランプ自身だった。ディベート終了後、トランプはメディアの取材で「壊れたマイクを与えられた。わざとかどうかは知らないが」と文句を言ったが、「マイクについて苦情を言うのは、（ディベートが）あまりうまくいかなかった人がやること」というヒラリーのコメントどおりである。そのうえ、翌日になっても前夜のディベートのミスを蒸し返して反論し続けるトランプの行動は、「負けた」ことを自ら宣伝しているようなものだ。

ディベートの勝敗よりも重要なのは、翌日からの話題

これまで説明したように、ディベートの勝敗はクリアではない。

また、勝敗以上に重要なのが、ディベート翌日から数日間の話題だ。

最初のディベートでのトランプの最大の失敗は、大手メディアとソーシャルメディアが大喜びする多くの話題を与えたことだ。たとえば、次の二点だ。

1、連邦所得税を一八年も払っていない

大統領候補は、納税申告書を公開するのがこれまでの慣わしだ。利害関係がはっきりとわかるからだ。ヒラリーは、過去四〇年近い納税申告書をすべて公開しているが、トランプは「税務調査中だから」と言い訳して公開していない。しかし税務調査中であっても納税申告書を公開するのはまったく問題はない。公開したくない理由があるのは明らかだ。

ヒラリーが、「連邦所得税（国に対して支払う所得税）をまったく払っていない年が何年もあるからではないか？」と指摘すると、トランプはすかさず「つまり僕が賢いということだ（That makes me smart.）」と口ごたえした。

これは、「連邦所得税を払っていない」ことを認めたのと同じだ。大金持ちのトランプが貧しい国民よりも税金を払っていないことに反感を抱く庶民は多いはずだ。

2、女性の容姿を侮蔑

トランプは、ミス・ユニバースで二〇年前に勝利したベネズエラ代表のアリシア・マチャドを、「ミス・ピギー」という豚のマペットにたとえて嘲笑したことがある。トランプ財団はミス・ユニバースの共同出資者だ。

マチャドは、体重のことでトランプに公共の場で何度もいじめられ、そのせいで心理的な問題を抱えたという。それだけではない。アメリカでは清掃業務につくヒスパニック系移民の女性が多いことからか、彼女のことを「ミス家政婦」とも呼んだという。完全な人種差別発言だ。

ヒラリーがこの話題を持ち出したとき、トランプは謝罪もせず、かつて自分が「ブタ」、「醜い」と侮辱した同性愛者の女性司会者ロージー・オドネルのことまで持ち出して非難した。

トランプが翌日謝罪していたら、これらの話題が静まった可能性がある。しかし、トランプは翌朝のテレビ番組で「彼女はものすごく体重を増やした、これまで最悪のミス・ユニバースだった」とマチャドのことをしつこく批判した。体型のことを気にする女性は多い。しかも、決して痩せてはいないトランプが堂々と女性の容姿を非難することに嫌悪感を抱くのは当然であり、共和党の女性も敵にまわした。

トランプは、ディベートでの惨めなパフォーマンスに加え、ネガティブな話題を多く提供するという失態をおかした。そのために、ディベート後の世論調査では、ヒラリーが躍進した。最初のディベートの失敗から回復するのは難しいが、不可能ではない。トランプは、次のディベートまでには専門家から時事問題を学ぶなどの宿題をするのではないかと見られた。ところが、二回目のディベートの寸前に「オクトーバー・サプライズ」がやってきたのだった。

それを次の章で説明しよう。

16

大統領選の流れを変えたオクトーバー・サプライズ

オクトーバー・サプライズとは？

アメリカには、「オクトーバー・サプライズ」という政治用語がある。

一一月上旬の選挙結果に影響を与えるような驚くべき情報やスキャンダル（サプライズ）が、選挙寸前の一〇月に発覚することで、特に大統領選で起こる。

なぜこの時期のスキャンダルが特別かというと、国民はネガティブな情報でもすぐに忘れるので、時間さえあればダメージを受けた候補が人気を取り戻す余地はあるからだ。だが、選挙寸前のスキャンダルは、その余裕を与えない。ライバル陣営が、もっとも大きなダメージを与える情報を最後の最後までとっておいて、オクトーバー・サプライズとしてリークすることもある。

今回の選挙では、民主党の党大会寸前の七月に、民主党全国委員会（ＤＮＣ）のデビー・ワッサーマン・シュルツ委員長ら幹部数人の合計約二万通に上るメールのやりとりを、内部告発サイトのウィキリークスが公開する事件があった。流出したメールの中には、DNCを攻撃するサンダースの取り扱いについて弁護士に相談したり、サンダースの信頼を失墜させる方法を探ったりするものもあった。

この事件によって委員長は退任し、アンチ・トランプで団結しかけていた民主党には大きな亀裂が入った。ヒラリーの支持率がもっとも低くなったのがこのときで、かつてないほど多くの有権者が第三政党の候補（ゲーリー・ジョンソンとジル・スタイン）を支持しているのは、このリークの影響がある。

最初のリークがあった七月の時点で、民主党は「テクニックから、ハッキングにはロシア政府が絡んでいることが疑われる」と主張してきた。そして、一〇月七日には、アメリカ政府（国土安全保障省など）も、ロシア政府がアメリカの大統領選を操作するためにハッキングに関与していたと公式に批判した。ハッキングの対象になったのは、DNCやヒラリー陣営のコンピュータだけではない、個人のコンピュータやデータベースも、だ。

ウィキリークスの創始者ジュリアン・アサンジは、その後も「クリントンについて、もっと多くの電子メールを公開する」と予告し続け、それが七月よりダメージが大きいものであることを匂わせていた。

実際に起こったオクトーバー・サプライズは？

ところが、「オクトーバー・サプライズ」は、まずトランプにやってきた。しかも、第二回の大統領選ディベートを二日後に控えた一〇月七日の金曜日だ。

由緒あるワシントン・ポスト紙が、二〇〇五年にNBC局の番組が録画した非公開録画テープをスクープしたのだ。

それは、トランプがソープオペラ（アメリカ版昼メロ）にゲスト出演するのを、NBCの芸能ゴシップ番組「アクセスハリウッド」がレポートしたときのものだ。トランプは当時「アプレンティス」という人気番組のスターで、三番目で現在の妻のメラニアと結婚したばかりだった。余談だが、「アプレンティス」は、参加者が「見習い（アプレンティス）」としてトランプの会社での採用を競うもので、課題に取り組んだ参加者が番組の最後に重役室に呼ばれ、そのうち一人がトランプから「お前はクビだ」と言い渡される。この独裁的な経営手法は専門家からは批判されたが、ビジネスの素人には非常にわかりやすくて面白い。視聴者は、テレビで観るトランプの「決断力とカリスマ性」に引かれた。

問題のテープに戻ろう。

トランプと「アクセスハリウッド」の司会者ビリー・ブッシュ（四三代ブッシュ大統領のいとこ）は、マイクがONになって録音されていたことを知らなかったのか、バスの中で露骨な雑談を交わしている。映像はバスの外のもので、二人の姿は見えない。

（テープが始まるまで、二人が知っているある女性のことを話していた様子）

ブッシュ　彼女はものすごく美人だったよね。今でもきれいだけれど。

トランプ　じつは迫ったことがあるんだぜ。彼女、パームビーチにいたことがあるだろ。誘惑したんだけどね、失敗した。それは認める。

ブッシュ　わお。

トランプ　ファックしようとしたんだけど。彼女は結婚していたけどね。

ブッシュ　それって、すごくでかいニュースじゃないですか！

トランプ　いや、まあね。ナンシーだよ（後にわかったことだが、彼女は当時ブッシュと一緒に「アクセスハリウッド」の司会を務めていたナンシー・オデール）。

ブッシュ　（嬉しそうに笑う）

トランプ　そこで、猛烈に迫ったんだ。家具のショッピングにも連れて行った。家具を欲しがっていたから。それで、「いい家具を売っているところを知ってるから連れて行ってやろう」とね。メス犬みたいに頑張ったんだけれど、そこまで行きつかなかった。結婚していたしね。ある日、突然再会したんだ。そしたら、でっかい偽物のおっぱいつけて、すっかり見た目が変わっていた。
（ここで、番組で共演する女優が彼らをエスコートするために外で待ち受けているのをバスの中から見つけた様子）
ブッシュ　しーっ。今日あなたにあてがわれた女の子、紫色のドレス着て、めちゃくちゃセクシーじゃないですか。
トランプ　うおーっ。（感嘆の声）
ブッシュ　やったぜーっ。（励ますように手をたたく）
トランプ　うおーっ。（繰り返す）
ブッシュ　やったーっ。トランプの得点だ！　さすが。
（バス到着。複数の声が混じって誰の発言だかはっきりしない）
トランプ　違う女じゃないのか？
ブッシュ　広報担当じゃないといいけど。いや、彼女だ。
トランプ　そうだな、彼女だ。金髪の。ティックタック（口臭を抑えるキャンディ）を使わなくちゃ。（キャンディをケースから出す音）彼女にキスしたときのためにね。美人を見ると自動的に魅了されちゃうんだ。すぐキスしはじめちゃう。磁石みたいなもんだね。キスだけだけど。待ったりはしない。スターだと何でもやらせてくれるんだよ。何をやってもかまわない。

ブッシュ　やりたいことなら何でもね。

トランプ　P…y（女性器の通称）をつかむとかね。何でもできる。

このニュースは、〝Grab them by the p---y. You can do anything〟というトランプの発言とともにソーシャルメディアであっという間に広まった。ソーシャルメディアをしない層にも、友人にEメールをする形で山火事のように広がっていった。

じつは、このテープを見つけたのはNBCだった。

トランプの卑猥な会話を録音したものがあるのを覚えていた者がいて、それを探し出し、NBCの「アクセスハリウッド」で公開する予定でいたのだ。

だが、NBCでは弁護士が違法性がないかどうかをチェックするのにもたつき、数日もかかっていた。その間に、ワシントン・ポスト紙がすっぱ抜いたのだ。ワシントン・ポスト紙では弁護士のチェックには数時間しかかからず、NBCはせっかくのスクープのチャンスを失ったことになる。ワシントン・ポスト紙がどのような経緯でこのテープを入手したのかはわかっていないが、しびれを切らしたNBCの社員が送ったのではないかとみられている。

じつは、ワシントン・ポスト紙のスクープの直後に、ウィキリークスがヒラリー陣営の電子メールをリークした。トランプ支持者や、アンチ・ヒラリーの人々が「オクトーバー・サプライズ」として待ち受けていたものだ。

七月のリークは民主党全国委員会のものだったが、今回はヒラリーの選挙事務長であるジョン・ポデスタのEメールだ。ジョン・ポデスタは、ビル・クリントン大統領の補佐官を務めた後、オバマ大統領の上級顧問を務めた人物である。

リークされたやりとりの中には、ゴールドマン・サックスでヒラリーが行ったスピーチの内容や、ベンガジ事件の公聴会についての話し合いなどがある。

オクトーバー・サプライズへのアメリカ国民の反応

同じ日に起こった二つのオクトーバー・サプライズに対して、アメリカ国民はどう反応したのだろうか？

ヒラリーへのオクトーバー・サプライズに対するメディアやネットの反応は、トランプ陣営の期待を裏切るものだった。

ツイッターでは、トランプの流出テープを話題にする#TrumpTapesが長時間トレンドのトップを保っていたが、ポデスタのEメールのリークを語る#PodestaEmailsや#Wikileaksはトレンドに上がってもこなかった。

大手メディアは記事にしたし、記事へのコメントには、むろん、「ヒラリーは嘘つきだ」「明かしてくれてありがとう」とウィキリークスを讃えるものもある。しかし、彼らはすでにアンチ・ヒラリーの人々だ。全体的には、「すでに知っていることで、何も新しいことはない」「トランプの発言に比べたら、こんなのたいしたことではない」「ロシア政府が絡んでいると知ってからは、ウィキリークスがやることは尊敬に値しない」「トランプを擁護するためにプーチンが電話一本かけたら、アサンジはリークするのか？」といったしらけた反応が多かった。

その後、ウィキリークスは一〇月二一日までにポデスタのEメールを一四回リークしたが、アサンジが予告していたような破壊的な威力はこの時点ではみられない。

その理由はいくつかある。

まず、これは、「ホイッスル・ブロワー（組織の不正を告発する内部通報者）」によるリークではない。違法ハッキングで得た情報のリークである。

そして、アメリカ政府の公式見解では、ロシア政府がハッキングに関わっている。ウィキリークスが、リークしたEメールはすべて民主党とクリントン陣営に関わるものであり、他国の政府がトランプを大統領にするために行った疑惑が強い。

また、ハッキングされたのは、ヒラリー・クリントンのEメール・アカウントではない。ヒラリーが違法なことをした事実はまったく出てきていない。

ヒラリーにとって何よりも幸運だったのは、トランプのスキャンダルのほうが話題性があったことだ。

テープ流出のスクープについては、当初「(ゴシップ紙として有名な)ナショナル・エンクワイアラーじゃあるまいし、ワシントン・ポストが扱うべき記事じゃない」という反応もあった。だが、その影響は当初予想していた以上に広がった。

内容が卑猥なだけでなく、トランプの発言は、相手の同意を得ずに性的行為を行うことを示唆しており、実際に行動に移せば犯罪とみなされるセクシャル・ハラスメントにあたるからだ。

女性だけでなく、これまでは我慢していた宗教右派の男性共和党員からも、大きな反発が出てきた。

上院議員のマイク・リー(ユタ州)は、ビデオで「私には妻、娘、姉妹、母がいる。彼女たちに対してあのような発言をする者は、絶対に雇用しない。関係を持ちたいとも思わない。自由世界のリーダーとして安心して雇えるとはまったく思わない」と批判し、トランプに対して「失礼ながら、(党の指名候補を)辞任していただきたい。敬意を持って要請します」と訴えた。リー以外にも、トランプ支持を取り消す共和党議員が続いた。

二日後の大統領選ディベートの直前に、トランプはビル・クリントン元大統領の過去の女性スキャンダルの告発者とヒラリーが若き弁護士だったときに扱った性犯罪者の被害者を招いて記者会見をした。「クリントンたちだってこういうことをやっているではないか」という反論のためだ。

だが、話題を蒸し返すという意味で、これはトランプにとって逆効果だった。多くの人は、「弁護士が弁護をするのは仕事だから当然。大統領候補はヒラリーであってビルではない。なぜ妻が夫のやったことの責任を負わねばならないのか?」とかえってトランプに反感を抱いた。

また、ディベートでは、司会者のアンダーソン・クーパーによる「(流出テープで語ったようなことを)実際に行動したのか?」という質問に、トランプは、「私ほど女性を尊敬している人間はいない」と答えをはぐらかした。クーパーが同じ質問を三度くりかえしてようやく最後に「していない」と付け加えたが、嘘にしか聞こえなかった。そして、トランプは流出テープについて、「ロッカールーム・トークだ」と弁解した。

つまり、アスリートが着替えをするロッカールームでは、男は誰だってそういう猥談をするものだ。でも、喋るだけで、本当にやるという意味ではない。それを本気にするほうがおかしい、という言い訳だ。

この言い訳は、ネットで二つの大きなムーブメントを起こした。

ツイッターの有名人ケリー・オックスフォードが、「トランプが話しているのは猥談ではなく、性暴力」として、#NotOK（許せることではない）というハッシュタグをつけて自分の体験をシェアするよう自分のフォロワーに呼びかけたのだ。すると、数え切れないほどの体験談が集まり、#NotOKはトレンドになった。

もうひとつは、男性アスリートらによる、「俺たちはロッカールームでそんな話はしていない。そんなのはロッカールーム・トークではない」という反論ビデオだ。これもトレンドになった。

そして、トランプのセクハラや性的暴力の犠牲者も次々に名乗りをあげてきた。

トランプは、一〇代の少女が競う「ミス・ティーン」という美人コンテストも出資している。トランプは、少女らが衣装替えで裸になっている場所にずかずか入り込み、「僕はすべて見慣れているから気にしないように」と居座ったというのだ。また、ミス・ユニバースのユタ代表だった女性は、会ったときに、いきなり唇にキスをされた。トランプとメラニアの結婚一周年記念の取材をした「ピープルマガジン」の記者は、メラニアが席を外したときに、襲われて「僕たちは、情事をするようになる」と言われた。三五年前に飛行機のファーストクラスで隣の席になった女性は、トランプから身体のあちこちを触られ、手がスカートに伸びてきたところで、エコノミークラスに逃げた。

トランプは、最初のディベートの後のように謝罪はせず、ラリーの演説で被害者らを「嘘つき」と呼んで反撃した。それだけでなく、「あの女を見てみろよ？（俺があの女に手を触れると思うか？）思わないよな」と聴衆に呼びかけて嘲笑った。この態度は、三回目のディベートでヒラリーに攻撃される材料になった。

いっぽうで、トランプは自分と距離を置き始めた共和党のリーダーや議員らを攻撃し始めた。メディアは、「トランプが引き起こした共和党の内戦」と騒いだ。

この間にも、ウィキリークスは、ヒラリー陣営の司令官であるジョン・ポデスタのEメールをリークし続けたが、ほとんど話題にならなかった。

テープ流出とウィキリークスが起こった金曜からディベートがあった日曜、その翌日の月曜の四日間でABC、CBS、NBCの三大メディアがカバーした時間は、流出テープが一九八分に対してウィキリークスはたったの一三分だった。

それは、この話題にこだわり続けたトランプのせいなのだ。

広告業界の有名人ドニー・ドイチュは、長年トランプと懇意にしていることでも知られる。大統領選挙でのトランプには最初から批判的だが、昨年からトランプが予備選に勝つことを予測していた人物でもある。そのドイチュは、テープが公になった直後に、政治番組で「これでおしまいだ（It's over）」と断言した。

選挙寸前に起こったFBIからのサプライズ

今回の大統領選では国務長官時代のヒラリー・クリントンが私用メールサーバーを使ったことが継続的に問題になっていた。しかし、本選が始まってからFBIのコミー長官がいったん「訴追に値する証拠はない」と発表し、スキャンダルが静まりつつあった。トランプの側に過去の女性蔑視発言などスキャンダルが続出し、一〇月中旬の世論調査では、ヒラリーの地滑り的勝利が噂されるほどリードしていた。

ところが、投票日の一一日前になって、今度はヒラリーへの「オクトーバー・サプライズ」が飛び出した。「FBIがヒラリーのメール問題で捜査を再開した」という報道だ。

メディアの見出しだけを見た人は、ヒラリーが法を犯した新たな証拠が出てきたと考えただろう。

しかし、捜査の対象になったのは、ヒラリー本人が送受信したメールではない。彼女の右腕として長年働いているフーマ・アベディンの夫で元下院議員のアンソニー・ウィーナーのコンピュータと、そこから送受信されたメールだ。妻のアベディンがこのコンピュータを使ってヒラリーにメールを送った可能性があり、その中に、ヒラリーが機密情報を個人メールサーバーで送った証拠があるかもしれない、というものだ。「かもしれない」というだけで、FBIはまだ内容をチェックしていなかった。

前途有望な若手政治家だったウィーナーは、ソーシャルメディアで性的な写真を女性に送ったスキャンダルで下院議員を辞任し、カムバックを図ったときにも新たなスキャンダルが露呈して政治生命を失った人物だ。クリントン夫妻とも親交がある。

問題は、FBIのコミー長官が議会のリーダーに手紙を書いたタイミングと内容だ。ヒラリーに直接関係がない証拠で、しかもFBIはまだ内容を調べてもいない。その段階で、しかも選挙直前に発表した。ジョージ・W・ブッシュ政権で司法長官だったアルベルト・ゴンザレスなど、共和党サイドからもコミー長官の行動を批判する専門家が出ている。

アメリカには一九三九年に制定された「ハッチ法」という法律がある。政府職員が選挙の結果を左右するような言動をすることを禁じているが、コミーがこのハッチ法に抵触するのではないかという見方もある。

しかし、国民は詳細にまでは気を配らない。報道の見出しだけで「ヒラリーは犯罪者」という印象を受け、ソーシャルメディアでも話題となり、一気に世論調査はトランプ有利に傾いた。

コミー長官は、投票日の二日前の日曜になって、「メールをすべて調べたが、訴追に値するようなものはなかった」と発表した。だが、すでにダメージは起こってしまった。ヒラリー陣営は、これが僅かな差で大統領選に敗北した大きな理由のひとつだと信じている。

一年半以上かける長い選挙が、投票日寸前のちょっとした情報で変わるというのは、大統領選の大きな問題のひとつだ。

17 内戦状態になった共和党

通常の大統領選では、予備選で何があろうとも、最終的には共和党は「打倒民主党指名候補」で一致団結する。民主党サイドも同様だ。

しかし、二〇一六年の大統領選挙では、共和党対民主党、保守対リベラル、というはっきりした境界線がなくなってしまった。

この境界線を消した張本人はトランプだった。

トランプは、暴言を繰り返すことでソーシャルメディアとメディアを利用し、低コストで共和党の予備選に勝った。これは、近年の大統領選挙の歴史に残る快挙だ。

しかし、予備選と本選は、まったく異なるゲームである。

これまでの予備選では、トランプは「共和党」という特定のアジェンダを持つ集団だけを対象にしていればよかった。だが、本選では、リベラルを含むアメリカ国民全員が対象だ。本選になると、国民は大統領にふさわしい知識、気質、風格を求めるようになる。

共和党エスタブリッシュメントがトランプの暴言に眉をひそめながらも指名候補を支援することにしたのは、「本選になればトランプは大統領らしくふるまってくれるだろう」、「本選になれば、共和党のリーダーである自分たちの言うことを聞くだろう」と期待していたからだ。

しかし、トランプは自分を変えようとはしなかった。

予備選での勝利を決めた時点でトランプがやるべきことは、外交や経済の専門家、スピーチライター、選挙キャンペーンのプロを雇い、オハイオやフロリダなど勝敗を決める重要な州に選挙事務所を設け、地元の直接有権者に働きかける「地上戦」のスタッフを雇い、ボランティアを募ることだった。

しかし、早期に指名候補の座を獲得したにもかかわらず、トランプはそれらには手を付けず、予備選のままの言動を続けた。初めて迷いを見せたのは、ヒラリーが民主党指名候補の座を確実にした夜だった。

それまでスピーチにプロンプターを使うライバルを嘲笑ってきたのに、スピーチにプロンプターを使ったのだ。しかも、スピーチライターを使ったのも明らかだった。彼がよく使う侮辱の言葉が少なく、彼が使ったことがない知的な単語があったからだ。しかし、いつもの精彩はなく、会場からの反応も生ぬるいものだった。「ようやく大統領らしくなることを決意したのだろう」とメディアは分析したのだが、トランプは、また元のやり方に戻った。

「政治のプロではなく、自分の直感を信じたから予備選に勝った。アドバイスを聞いて、プロンプターを使ったら支持者からのウケが悪かった。やはり、自分を信じたほうがいい」と思い直したのだろう。ただし、トランプが「勝ちたい」と思っているのは確かだった。

予備選の最初から仕えてきたコーリー・ルワンドウスキを解雇して、ベテランのポール・マナフォートを側近にしたのもそのひとつだ。世論調査でヒラリーに負けていたトランプは、一時的であれ、歴代共和党大統領の選挙での主要スタッフだったベテランのマナフォートを選んだ。だが、そのマナフォートも長続きしなかった。ウクライナで親ロシア派の利益を代表するロビー活動を行ったのが明らかになったのと、共和党大会の不成功の責任をとらされたのだ。マナフォート辞任後、保守系のコメンテーターとしてテレビで顔が知られているケリーアン・コンウェイが後任として雇われた。女性を敵にまわしているトランプにとって、理知的なブロンドの白人女性を責任者にするのは、特に白人女性を魅了する「女性対策」として非常に賢い選択だった。トランプにはこういった天才的な直感がある。

いっぽうで、共和党のリーダーが「大統領らしく振る舞う」よう何度求めても、トランプは耳も貸さなかった。

スピーチで、ロシアにヒラリーや民主党のメールのハッキングをするよう促し、ロシアからのサイバー攻撃に対しても「どこからのものかはわかっていない」と擁護し、北大西洋条約機構（NATO）の加盟国がロシアに侵略されても米軍を出動して守るかどうかは「ツケをちゃんと払わせてからのこと」と答える。

ラリーでは、「オバマはイスラム国（ISIS）の創始者で、ヒラリーは共同創始者」と暴言をエスカレートさせ、「ISISが我々を攻撃したら、核兵器でやり返したらいいじゃないか？」とテレビで答え、外交専門家には「なぜ核兵器を使ったらいけないのか？」と真顔で尋ねた。

「ネバー・トランプ」の共和党員たち

こういったトランプに対し、ツイッターのハッシュタグ#NeverTrump（絶対にトランプは支持しない）で堂々とトランプ反対の立場を公言する共和党員が増えてきた。そのうち、アンチ・トランプの記事を載せる保守派のサイト#NeverTrumpまでできた。

レーガン大統領、四一代ブッシュ大統領、四三代ブッシュ大統領を支持した古くからの共和党員らは、ヒラリーを「不正直で、高慢で、職権乱用で、道徳的ではない」と批判するが、トランプの場合は「世界最高の国家を導く人物に必要な資質を徹底的に欠いている」と嘆く。そして、愛する共和党を地に落とし、汚名を着せたトランプに民主党指名候補のヒラリー以上の憎しみを抱いているのだ。

彼らは、ヒラリーに投票するか、第三政党に投票するか悩んでいるが、元eBay最高経営責任者で現在ヒューレット・パッカード社最高経営責任者のメグ・ホイットマンのように、ヒラリー支援者としてテレビに出演するほどの「ヒラリー支持共和党員」も現れている。

通常は、党大会で「愛国心」を過剰にアピールするのは共和党だ。だが、トランプが指名候補である今年の共和党大会には軍や国防関係のリーダーはまったく現れなかった。そのかわりに、彼らは民主党大会にやってきた。

ヒラリーを応援する軍人らの情熱的なスピーチを聞いていた保守の政治評論家が、「火星人がやってきて二つの党大会を見比べ、『どちらのほうがより愛国心を持っているか?』と質問されたら『民主党』と答えるだろう」と奇妙なコメントをするほど意外なことだった。

「党よりも国を優先するべきだ」と行動に出始めたのは国防関係者だけではない。

保守の重鎮たちも、ヒラリー支援の共同声明を出すようになった。

下院議員のリチャード・ハンナ、ブッシュ政権の閣僚ヘンリー・ポールソン(財務長官)、カルロス・グティエレス(商務長官)、ジョン・ネグロポンテ(国家情報長官)、リチャード・

アーミテージ（国務副長官）、ブレント・スコウクロフト（国家安全保障担当大統領補佐官）、外交政策専門家ではロバート・ケーガン（ジョン・マケインの外交政策顧問）など、ここに書ききれないほど多くの重要人物の名前が連なっていた。

共和党のリーダーまで攻撃するトランプ

こういった動きがあれば、ふつうの政治家なら失うものを恐れて行動を改める。だが、トランプは大統領ディベートとオクトーバー・サプライズでの失態の後、反省や謝罪を選ばず、自分を擁護しない共和党のリーダーを攻撃しはじめた。

大統領指名候補は、党のリーダー格として、他の議員を応援しなければならない立場にある。なのに、一一月に選挙があるポール・ライアン（下院議長）やジョン・マケイン（元共和党大統領指名候補）の支持をすることを拒んだのである。彼らが自分を積極的に応援しないことへの「報復」と「脅し」だ。

その脅しは有効で、今回の選挙で再選をめざす共和党議員らは、真っ向からトランプに逆らうことを避けた。トランプの女性蔑視発言やセクシャル・ハラスメントを中途半端にしか批判できなかったニューハンプシャー州選出の女性上院議員のケリー・エイヨットは、ライバルの女性候補から優柔不断さを攻撃され、僅差で敗戦した。

二〇〇八年の共和党指名候補ジョン・マケインの選挙参謀だったスティーブ・シュミットは、ＭＳＮＢＣの政治番組で、「トランプは共和党の知性が腐敗しているのを露呈させた」と怒りを顕わにした。彼は「共和党は深く自省するべきだ」と党のリーダーたちを批判したが、トランプ大統領の誕生により、自省の機会も危うくなってきた。なぜなら、結果的に大統領、上院、下院のすべてを共和党が支配した現状では、即座に自分たちを変える必要を感じないからだ。

ただし、トランプ大統領誕生により、共和党内での中道穏健派の居場所はますますなくなる。彼らがどのような行動をとるのか、今後はそれが注目される。

18 多様化が進むアメリカの対立構造

2章で語ったように、民主党と共和党は、その時の社会情勢や時事問題に対して、自分の党に有利になるように立ち位置を変え、アメリカ国民のほうも、その時により異なる理由でリーダーを選んできた。

その選択は、必ずしも論理的ではなく、感情的な要素は大きい。そして、その感情的な要素が、ふだんは見えない国民同士の対立を際立たせる。

二〇一六年大統領選挙では、世論調査や予備選の出口調査で際立ったのが次のグループでの対立構造だ。

1、「白人」対「マイノリティ・移民」

アメリカ国民は依然として白人が大多数だが、マイノリティが急速に増えている。一九九二年には有権者の八四%が白人だったが、現在は七〇%でしかない。

白人の支持が多いのは共和党で、九二年には党員の九三%が白人、一六年現在も八六%を維持している。いっぽうの民主党では、九二年は白人が七六%だったが、現在は五七%に減少し、半数近くがマイノリティになっている(ピュー研究所より)。

特に黒人のオバマが出馬した二〇〇八年には白人とマイノリティの支持の差が際立った。オバマは、黒人の九三%、ヒスパニック系の七一%、アジア系の七三%の支持を得たが、白人からは三九%の支持しか得ることはできなかった。

二〇一六年の選挙では、白人の不満を積極的に取り込んだトランプが白人票を集め、その影響に恐怖を覚えるマイノリティがヒラリーを支持する構造になった。

トランプのスキャンダルでヒラリーへの支持が強まった一〇月一一日の世論調査でも、白人だけであればトランプがクリントンを四五%対四一%でリードしていた。しかし、「非白人」の有権者だけになると、クリントン支持が七二%に対し、トランプは一七%でしかない。

トランプとヒラリーの選挙イベントに行くと、この違いを肌で感じる。何千人も集まるトランプのラリーではほぼ一〇〇%が白人であり、ヒラリーのイベントにはマイノリティが多い。ヒラリーのイベントでは熱狂的に「ゴー、ガール!」と大声で応援する黒人女

共和党と民主党の有権者の人口統計によるプロフィールの変化（%）

人民と民族

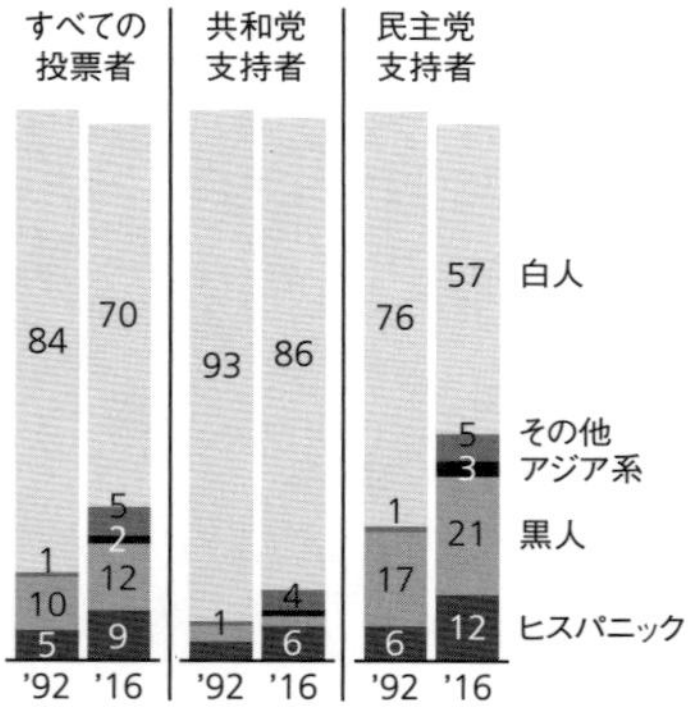

教育

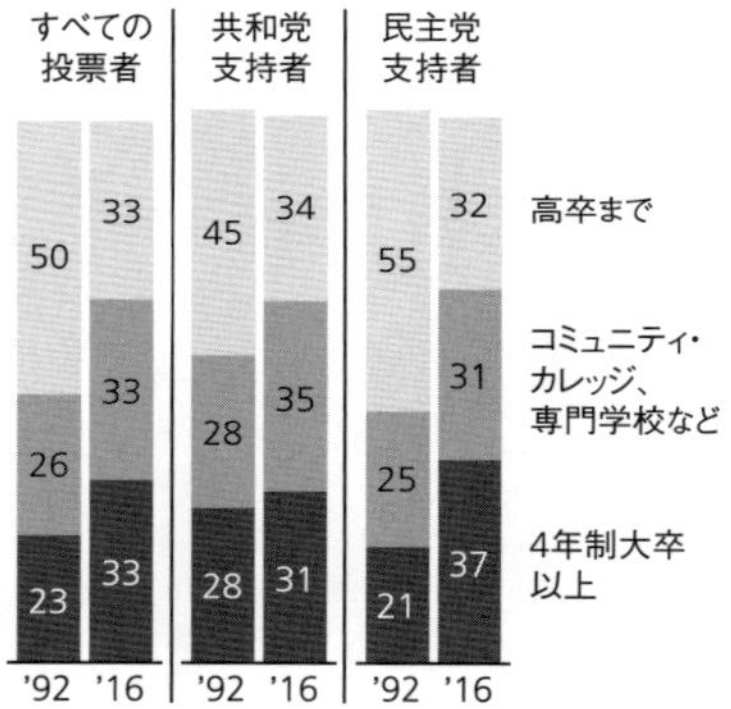

年齢

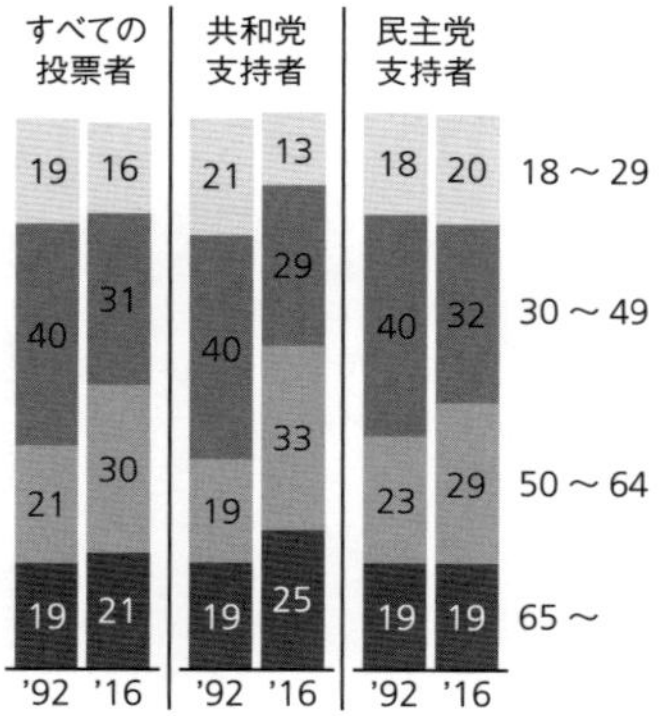

上記のグラフは登録有権者に基づいたデータで、白人と黒人には、ヒスパニックではない人だけが含まれている。ヒスパニックにはどの人種も含まれる。アジア系はヒスパニックではない人たちで、英語のみを話す。

ピュー研究所の年次調査より、1月～8月に実施された2016年のデータ調査をもとに作成。

（http://www.people-press.org/2016/09/13/1-the-changing-composition-of-the-political-parties/pp_16-08-31_partyid_lede/）

性が目立ち、トランプイベントでは「ヒラリーを牢屋に入れろ！」と合唱する白人男性が多い。日本人の私にとってはトランプのイベントは緊張感と恐怖を覚える場であり、ヒラリーのイベントは仲間意識と居心地の良さを感じる。

これまで多くの政治イベントに参加したが、二〇一六年の大統領選は、アメリカ史上もっとも「人種の対立」が際立つものになった。

2、「低学歴」対「高学歴」

ビル・クリントンが当選した一九九二年より前には、共和党は高学歴、高収入の「エリートの党」として知られていた。高校より上の高等教育を受けた共和党員は五六％で、民主党では四六％でしかなかった。二〇一六年現在は、高等教育、特に大学や大学院の教育を受けている者が多いのは民主党のほうなのだ。

これは、共和党が票を集めるために、高等教育を受けていない、労働者階級をターゲットにし、「アンチ知性」、「アンチ体制」をＰＲした結果だ。ジョージ・Ｗ・ブッシュが当選した二〇〇〇年の選挙で戦略として使われ、その後、オバマ大統領に対抗するアンチ知性とアンチ体制の「ティーパーティー」が共和党を侵食した。二〇〇八年の共和党副大統領候補のサラ・ペイリンやミシェル・バックマン下院議員などがその代表的存在だった。

二〇六頁のグラフにはないが、1と2を組み合わせたデータでは、二つの党の違いがさらに明らかになる。

「高卒以下の教育しか受けていない白人」は、共和党では過半数の五八%を占めるのに、民主党では三二%でしかない。「エリートの白人」の党だった共和党は、四半世紀の間にすっかり変わってしまったのだ。

3、「キリスト教」対「無宗教」

アメリカでマジョリティだったキリスト教徒の割合は毎年減少傾向にある。

共和党では現在でも白人のキリスト教原理主義者がもっとも多く、三五%を占めている。カトリックも多い。対照的に、民主党でもっとも多いのは「どの宗教にも属さない」者で、党員の三割近くまで増えている。この層は、今後ますます増加すると見られている。

4、「地方」対「都市」

中流階級の白人たちが都市から近郊に移住するにつれ、共和党は、人種のるつぼである都市部を見捨てた。そして、近郊と、人口密度が少ない田舎の白人たちにターゲットを絞るようになった。

その結果、保守が多い「赤い州」でも都市部は民主党が支配し、リベラルで知られる「青い州」でも田舎は共和党員が多くなった。

4章と5章でも書いたが、これをさらに顕著にしたのが、トランプだった。

5、「男性」対「女性」

アメリカでは、女性は民主党寄りの人が多く、男性は共和党寄りの人が多い。ニューハンプシャーでヒラリーの地上戦を体験したことは3章で書いたが、そのときに、ドアに出てきた男性が「私は共和党、妻は民主党」と答えたことがあった。

また7章にも書いたが、「ヒラリー嫌い」の背後には根強い女性差別がある。女性による女性差別もそれに含まれている。予備選中の世論調査では、トランプが嫌いだと答えた女性が七割近くいたのに、本選になると、女性の間での嫌悪感が収まってきたようだ。また、一〇月の世論調査では、女性のヒラリー支持は六一％でトランプ支持は二八％だったのに、実際の投票結果を見ると、五四％対四二％という僅かな差でしかなかった。

トランプに女性蔑視発言やセクハラ・性暴力疑惑があっても、結局は、男性の悪い行いは許してしまうということなのかもしれない。特に「大学に行っていない白人女性」でこの傾向が強く、六二％がトランプに票を投じた。「大卒の白人女性」では過半数の五一％がヒラリーに投票したが、これも予想より少なかった。

女性の投票数のほうが男性よりも多いので、これまでは「女性を敵にまわしたら勝てない」というのがアメリカ大統領選挙の常識だった。二〇一二年のオバマ対ミット・ロムニーの選挙でも、このジェンダーギャップが注目された。しかし、この点でもトランプは大統領選挙の常識を変えた。女性を徹底的に侮蔑しても、堂々と繰り返せば慣れてしまう女性がまだまだ多いということか。選挙寸前の一〇月のトランプのラリーでは、二月のときより女性参加者が多く、しかも「トランプを応援する女性（Women for Trump）」のプラカードやTシャツを着ている女性が多かった。

人口動態から見る二大政党の将来

しかし、アメリカの人口動態は劇的に変わりつつある。アメリカは、どんどん「マイノリティ」「無宗教」「都市」型の国になりつつある。

それを垣間見る興味深いデータがある。

児童書出版社スコラスティックは、幼稚園児から高校生までが投票できる子ども大統領選を一九四〇年から行っている。実際の選挙結果と異なったのは、大接戦になった一九四

子ども大統領選挙の結果

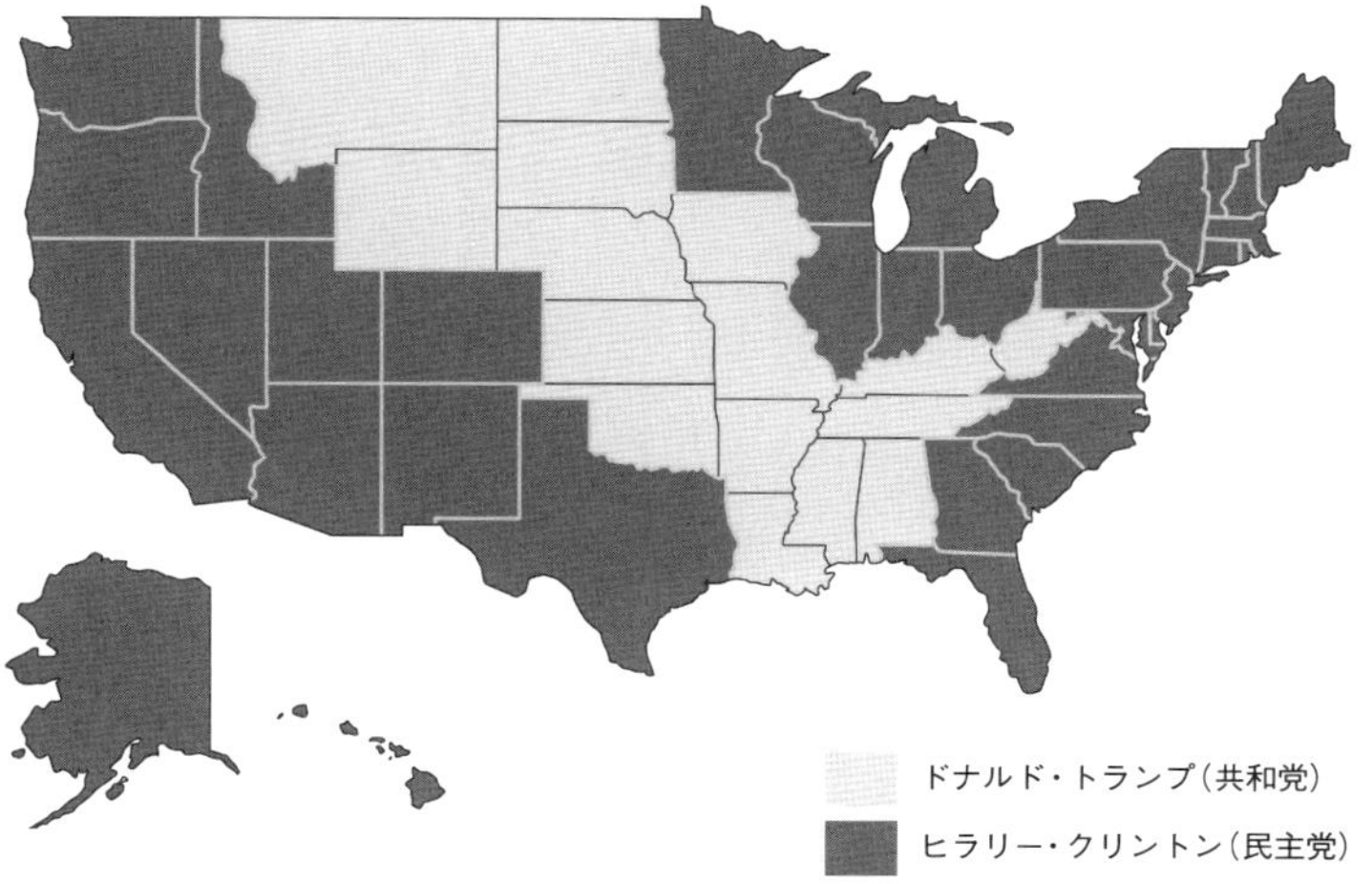

八年と一九六〇年の二回だけで、あとはすべて正確に選挙結果を予測してきた。二〇一六年は、予測が外れた史上三回目の選挙になった。子ども選挙では五二％対三五％でヒラリーの圧勝だったが、実際の選挙では、ヒラリーが得票数では勝ったものの、選挙ではトランプに負ける結果になったのだ。それはさておき、注目に値するのは、青い州と赤い州のマップだ。現在赤い州（共和党寄り）だとみなされているテキサスやアリゾナ州がすっかり青くなっている。つまり、若い移民の世代が、白人にとってかわろうとしているのだ。

だが、党が勢力拡大だけを考える現況は、アメリカにとって健康なことではない。「アンチ知性」で票を伸ばした共和党はしっかり内省して党を立て直すべきだし、今年敗戦した民主党のほうも勝つためだけの戦略に走ってはならない。

共和党と民主党のどちらもが、多様性を重んじ、人権を尊重する知的な党として経済政策でバランスを取る。そして、ライバルの党とも協働する。それが理想的な状態だ。しかし、現在の状態は、共和党からも民主党からも、そういう声は出てこない。そういう政治家が有権者から疎まれ、党内で生き残りにくい状況になっている。

19 トランプを選んだアメリカ

分断するアメリカ

二〇一六年の大統領選挙は、何から何まで常識はずれだった。

選挙当日まで、選挙予測で信頼されていたメディアはすべてヒラリーの勝利を予測し、その大部分は八〇％以上という高い確率だった。

ところが、トランプが激戦州を次々と獲得していっただけでなく、ヒラリーが楽勝するだろうと思われた州まで接戦の末に奪った。

オバマ大統領が勝った二〇〇八年の選挙マップ（四五頁）、今年の選挙予測のマップ（二六〜二七頁）、そして実際の結果（次の頁）を比べると、2章で示した民主党と共和党の基盤がシフトしたことがわかる。

オハイオ州とフロリダ州が接戦になることは予測されていたが、二五頁に書いたように、

2016年の大統領選挙結果

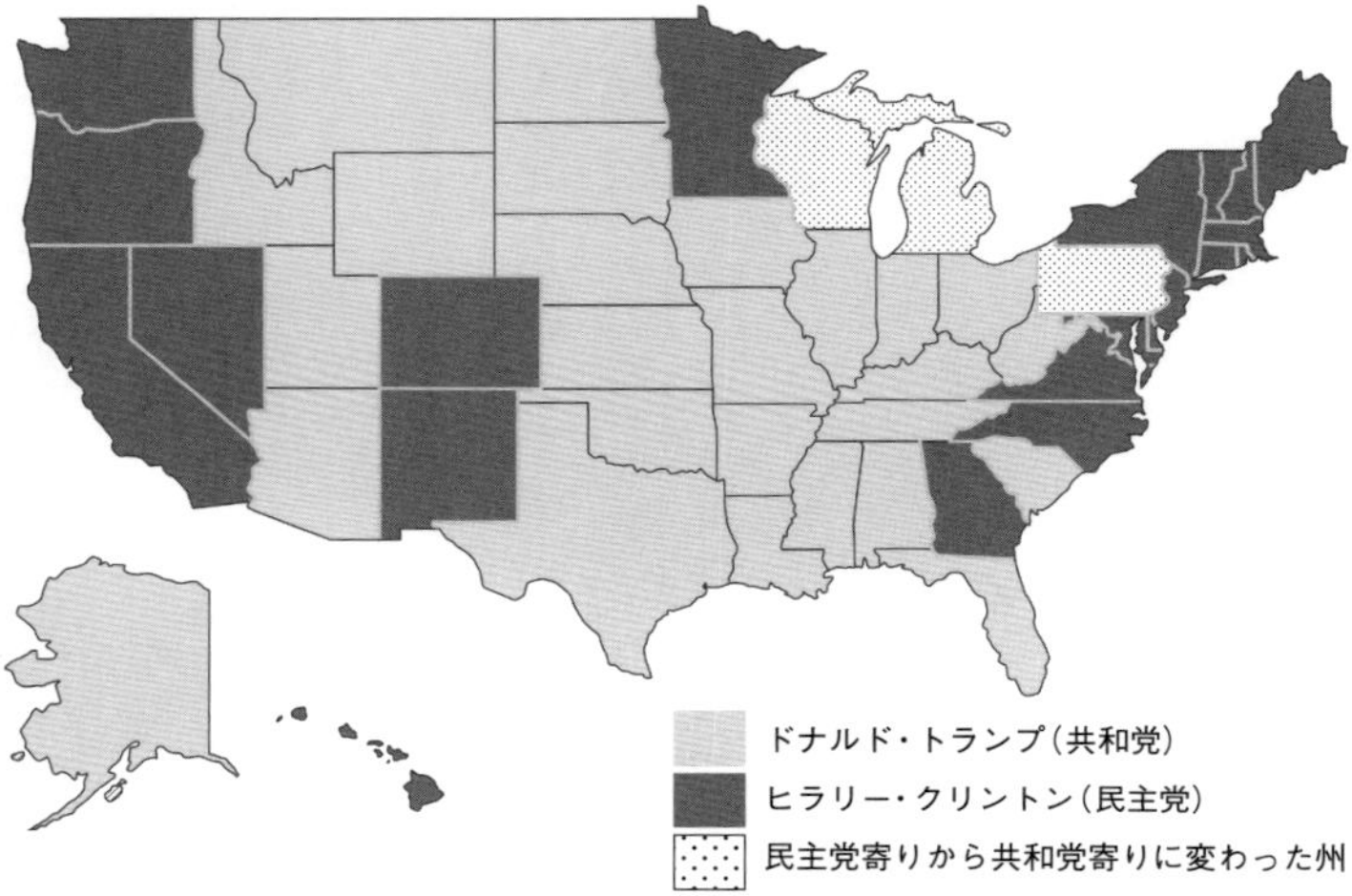

民主党の強い基盤があるミシガンとウィスコンシン、そしてペンシルバニアは、ヒラリーが軽く勝つと思われていた。

これは、トランプ陣営自身も予想していなかった結果だった。

なぜこのようなことが起こったのだろうか？

ニューヨーク・タイムズ紙の出口調査を見ると、アメリカが見事に分断されていることがわかる。

際立つのは次の点だ。

- 白人は圧倒的にトランプ支持で、マイノリティは圧倒的にヒラリー支持。
- 四四歳以下の若い世代はヒラリー支持。
- 高卒以下の低学歴の白人の六七％がトラ

ンプ支持。
- 大卒のマイノリティの七五％がヒラリー支持。
- 都市部はヒラリー支持で、地方はトランプ支持。
- キリスト教、特に白人のキリスト教福音派は圧倒的にトランプ支持。
- キリスト教以外の宗教の信者と無宗教者はヒラリー支持。
- 現状に満足し、未来に楽観的な人はヒラリー支持。
- 現状に不満を抱き、変化を求める人はトランプ支持。

さらに、投票結果を郡レベルまで細かく見ると、トランプが勝った理由が見えてくる。大都市から離れた地方をトランプが支配しているのだ。とくに、「ラストベルト」では、過去の共和党候補よりはるかに多い票を集めた。ラストベルトとは、過去には工業が盛んだったが、工業が時代遅れになって繁栄から取り残された中西部だ。住民の多くは、労働者階級の白人だ。

彼らの多くは、予備選でサンダース候補を支持した人たちでもあった。民主党だけでなく、選挙予測のプロたちも、彼らが自動的に民主党指名候補のヒラリーに票を投じることを期待していたのだが、彼らは本選ではトランプを選んだのだった。

これまでにも書いたが、アメリカには多くの対立構造があり、溝が深まっている。選挙結果でわかったのは、その対立構造の中でも「白人」対「マイノリティ・移民」、「地方」対「都市」、「低学歴」対「高学歴」が際立っているということだ。

これらの対立の背景を説明しよう。

白人たちの巻き返し

2章と18章で説明したように、アメリカは建国時代とは異なる国になった。次第に「マイノリティ」「無宗教」「都市」「女性」の国に変わりつつあり、現在は過渡期といえる。

前述のように黒人のオバマが出馬した二〇〇八年には、黒人の九三％、ヒスパニック系の七一％、アジア系の七三％がオバマに票を投じた。今回の選挙ではヒスパニック系の投票が増えたと言われ、それがヒラリー有利に働くと予想されていた。

ところが、蓋を開けてみたら、黒人の投票数は前回二回の大統領選を大きく下回った。「黒人大統領」を応援するというモチベーションがなかったからだろう。

そして、白人の不満を積極的に取り込んだトランプが白人票を集めた。その差が、思いがけない州での逆転になったのだ。

トランプは、予備選の最初からイスラム教徒のテロやヒスパニック系移民と都市部の黒人の暴力、職を奪う移民のイメージを与え続けたことで、「自分たちの国を、白人のままにしたい」と考える白人が堂々とソーシャルメディアでそういった意見を語るようになった。

差別的な発言を堂々とするトランプが社会に与える影響に恐怖を覚えるマイノリティは、「すべての国民が平等に扱われるアメリカ」を強調するヒラリーを支持した。だが、メディアがそれについて語れば語るほど、アメリカでマジョリティとしての地位を失おうとしている白人たちが恐れ、反発を覚えたのだろう。ふだんは決してトランプを褒めない裕福な白人のなかに、そんな「隠れトランプ支持者」がかなりいたと思われる。

オバマ大統領が誕生したころ、マイノリティの学生をほとんど受け入れなかった時代のプリンストン大学やハーバード大学を卒業した周囲の裕福な白人男性たちから「母校は昔とは風格が変わってしまった」と嘆きの声を聞いた。これは、積極的差別解消政策の「アファーマティブ・アクション」で、黒人やヒスパニック系が優先的に合格することへの不満である。オバマ大統領がコロンビア大学に編入し、ハーバード大学ロースクールに行けたのは、アファーマティブ・アクションのためだと言わんばかりだった。アイビーリーグ大学にガリ勉のアジア系が増えているのも苦々しく思っている。

ほんの二〇年くらい前までは裕福な白人しか住んでいなかった地域に、肌の色が異なる住民が増えているのも、彼らは快く思っていない。「なぜスペイン語の表示なんかが必要なの？　ここはアメリカよ」、「そんなにアメリカのやり方が気に入らないなら母国に帰ればいい」、「昔はいい町だったけど、（私たちとは）違う人たちが入ってきてから悪くなった」など、私がその場にいることを忘れてつい口を滑らせる白人の夫の親族もいる。

前の章でも書いたが、トランプの「Make America Great Again（アメリカを再び偉大にしよう）」という選挙スローガンと「アメリカを優先」というメッセージの本音は、ポリティカル・コレクトネスで彼らが口にできなかった「アメリカを、マイノリティの移民が乗っ取る前の、居心地がよい白人の国に戻そう」ということなのだ。

都市と地方の対立

もうひとつ人種間の対立に深く関わるのが、「都市部」対「地方」の亀裂だ。

投票結果を州だけでなく郡のレベルまで細かく見ると、ヒラリー支持者が大都市に集中していることがわかる。

まず、都市にはマイノリティが多い。

そして、景気の回復が顕著なのも大都市だ。

たとえばボストンやサンフランシスコでは起業が盛んで、大成長している企業が多い。

その創始者が外国からの移民であることは珍しくはない。新しい血が入ることで、経済が活性化され、高収入の職が生まれ、労働者階級の人も高収入になる。これらの地域では、大工や配管工といったブルーカラーの人が高学歴の専門職より高収入になることも少なくない。こういった地域に住む白人にとって、マイノリティは上司であり、同僚であり、顧客である。だから、悪感情を抱くことがあまりなく、寛容だ。彼らはリベラルな見解を持っている。

だが、地方ではそんな景気の回復を感じることができない。工場は閉鎖され、メキシコや中国に行ったままだ。オバマ大統領は仕事を作ることを約束してくれたが、何も良いことは起こらなかった。都市部のマイノリティが謳歌している繁栄は、地方の白人たちにとっては、妬ましい「グローバル化」の結果でしかない。実際に、私も共和党候補のイベントで、仕事を奪う移民への怒りを口にする白人男性に会った。

また、有名大学がマイノリティを優先的に合格させることも白人が抱く不満のひとつだ。「地方では大学に行く資金がなくて喘いでいる白人がたくさんいるというのに、都市部のエリートたちは黒人、ヒスパニック、外国人を優先している。見捨てられ、差別されているのは、自分たち白人のほうだ」といった彼らの認知と現実との間に乖離はある。だが、彼らにとってはそれが「真実」なのだ。

これまで多くの政治家が労働者階級の白人に多くの約束をしてきた。けれども、生活はまったく楽にはならなかった。彼らは、民主党のヒラリーだけでなく、共和党の政治家にもすっかり嫌気がさしていた。

だからこそ、プロの政治家なら決して口にしない、「メキシコとの間に壁を作る」という差別的な発言を堂々とするトランプに惹かれたのだ。トランプの最大の魅力は「プロの政治家ではない」ことだった。

アメリカ人は、オバマ大統領のときには「希望」に惹かれた。だが、今回はエスタブリッシュメントに対する「不満」と「怒り」がエネルギーの源になった。「白人こそが真のアメリカ人」と感じさせ、「真のアメリカ人を優先する国に戻す」というモチベーションを白人に抱かせたトランプは、こうして「愛は憎しみに勝つ（Love Trumps Hate）」をスローガンにするヒラリーに勝った。

ただし、「選挙人制度」で勝利したのはトランプだが、「ポピュラー・ボート（全米での純粋な得票総数）」で勝ったのはヒラリーだった。つまり、ヒラリーのほうが支持者は多いということになる。この結果で全米が納得することはまずない。

選挙結果が出た直後から、ミネソタ州ミネアポリス、ウィスコンシン州ミルウォーキーとマディソン、オレゴン州ポートランド、オハイオ州コロンバス、ニューヨーク市など多くの都市部で「反トランプ」の抗議デモが起こった。ポートランドの抗議デモは暴動化し、警官も出動する騒ぎになった。ヒラリーがトランプに約三〇％、一五〇万人以上の差をつけて勝利したカリフォルニア州では、#Calexit（カリフォルニア州がアメリカから独立する）というハッシュタグがソーシャルメディアにあふれた。

デモの参加者の多くは、差別の対象になるマイノリティ、ＬＧＢＴＱ、イスラム教徒、そして若者だ。ヒラリーを圧倒的に支持した二九歳以下の若者にとって、トランプは「私たちの大統領ではない」という気持ちが強いのだ。

また、古い「選挙人制度」を逆手にとり、「勝者総取り」に応じず、民意を反映してヒラリーに票を投じるよう選挙人に呼びかける嘆願運動にも二日で二五〇万人以上のサインが集まった。

そのいっぽうで、選挙中にトランプを公式支持した白人至上主義団体「クー・クラックス・クラン（ＫＫＫ）」は、ノースカロライナ州でトランプ勝利を祝う行進を行った。

現代アメリカの対立構造は、一八六〇年代に起こった南北戦争を連想させる。現在民主党が強いマンハッタンやボストン周辺は一九世紀後半にはすでに工業化が進む都市部だった。知識階級は倫理的な理由から、ビジネスマンは流動的な労働力を必要とすることから奴隷制度に反対の立場だった。だが、現在共和党が強い南部の経済は、黒人奴隷の労働力に頼る大規模農園（プランテーション）が中心だった。農場主にとって、黒人は所有物であり、現金かそれ以上に重要な財産だった。北部の奴隷自由州と追いつめられた南部の奴隷州との対立はエスカレートし、鎮静が不可能な状態になった。そして起こったのが、奴隷州の合衆国からの離脱と南北戦争だった。

トランプが「都市部のエリートとマイノリティ」を仮想敵にして「地方の労働者と白人高齢者」の怒りを煽ったために、アメリカにすでに存在していた亀裂はさらに深まった。トランプ勝利の原因を「現状のままでは希望が見えないから、今あるものを破壊して新しいものを一から始めてほしい」という国民の要求と説明する人もいるが、長年現地で観察していると、それより根深い社会問題を感じる。経済の地域差と人種問題で対立し、既得権益を失いかけている者が強く抗うという様相は、南北戦争時代とよく似ている。

20 トランプ政権のアメリカはこう変わる

友だちと家族優先のトランプ政権

現時点（二〇一六年一一月一四日）にはまだ結論は出ていないが、トランプが指定した大統領補佐や閣僚候補のリストを見ると、どのような政権になるのかある程度予測ができる。

リンカーン大統領を手本にしたオバマ大統領は、かつてのライバルの中から有能な人材を選んでチームを作った。ヒラリー・クリントンを国務長官に任命したのもそのためだ。

だが、トランプの人選では、身内と選挙で自分を助けた者が重視されている。

まず、重要な政権移行作業チームに、わが子の中で最もお気に入りとして知られる長女のイヴァンカと彼女の夫を加えた。

次に、トランプが首席補佐官に任命したのは、多くの共和党員がトランプを批判するなか、指名候補支持の立場を貫いた全国委員長のラインス・プリーバスだ。そして、首席補佐官任命をいったん考慮したが、代わりに政策と戦略のアドバイスをする主席戦略官という重要な地位を与えたのが、「オルタナ右翼」のオンラインメディア「ブライトバート・ニュース」のスティーブ・バノン会長だ。「オルタナ右翼」とは、主流の保守思想とは異なりはっきりした思想基盤はない。白人至上主義、反フェミニズム、排外主義、反ユダヤ主義で繋がるオンライン活動であり、「ブライトバート・ニュース」は陰謀論が多いことでも知られる。トランプと親交があったバノンは、ブライトバートの記事でトランプ支持者を増やすことに貢献し、選挙後半ではトランプ選挙対策本部の最高責任者に就任した。

これらの人選には保守系の批評家からも非難が集中している。

選挙中にメディアやラリーで応援に尽力したニュート・ギングリッチ元下院議長、ルドルフ・ジュリアーニ元ニューヨーク市長、ジェフ・セッションズ上院議員、元アラスカ知事で元副大統領候補のサラ・ペイリン、予備選のライバルで脱落後にトランプ支持を表明したベン・カーソン医師なども、官僚の候補リストに挙がっている。内務省長官の候補はすべて石油・天然ガス業界のインサイダーであり、このうち誰が任命されても、オバマ大統領時代の環境保護政策は覆されることになる。

トランプは、大統領選に出馬する前は中道・穏健派だった。一九九九年のＣＮＮのインタビューでは「民主党は左寄りすぎるし、共和党は右寄りすぎる」と二大政党どちらも自分には合わないと述べ、けれども出馬する限りは勝ちたいので第三政党は考えないと示唆していた。また、二〇〇八年の予備選でヒラリーがオバマに敗れた後のインタビューでは、「ビル・クリントンは偉大な大統領だった」と言い、「クリントン時代をふりかえってみてごらん。戦争はなかったし、景気は良かったし、みんな幸せだった」「ヒラリーは賢く、タフで、とても良い人だ」と絶賛した。

トランプは、選挙に勝つために極右のスティーブ・バノンやジェフ・セッションズ上院議員を利用し、そのペルソナを使ったけれども、いったん当選すれば、中道・穏健派の政策をとるのではないかと期待されていた。

しかし、この人選リストを見ると、トランプが穏健派になる見込みは少ない。

南北戦争と共通する皮肉な政策

19章でも指摘したが、皮肉なことに、トランプが勝利した二〇一六年大統領選挙と南北戦争にはほかにも共通点がある。南北戦争を始めたのは南部の裕福な大農園主だったが、実際に戦場で北部と闘ったのは、土地も奴隷も所有しない貧しい白人労働者だった。彼らは、農園主の利益と権力を守るために、命を落としたのだ。

トランプは大統領選で労働者に多くの約束をしたが、現在名前があがっている閣僚候補の顔ぶれを見ると、労働者より裕福な層に有利な政策になりそうだ。たとえば商務長官として考慮されているウィルバー・ロスは、企業再建を専門にする投資家で、リストラなどで労働者を犠牲にすることから、「ハゲワシ（弱者を食い物にする人）」と呼ぶ者もいる。ロスは、二〇〇六年にウエストバージニアで爆発事故を起こして一二人が死亡したサゴ炭鉱（インターナショナル・コールグループ）のオーナーだった。それ以前から多数の安全違反が指摘されていたのだが、インターナショナル・コールグループは、炭鉱夫の命を脅かす深刻な問題ではないとして炭鉱閉鎖をしなかった。

また、トランプは選挙中、ゴールドマン・サックスがヒラリーを操っていると、ウォール街との癒着を批判してきた。それなのに、エネルギー省長官にゴールドマン・サックスの社長兼最高執行責任者（ＣＯＯ）のゲーリー・コーン、財務長官に同社元幹部のスティーブン・ムニューチンの起用を検討しているという。

南北戦争勃発のきっかけは、一八六〇年の選挙で共和党のリンカーンが大統領に選出されたことだった。リンカーン自身は南部に奴隷解放を求めないと約束していたが、南部の州はそれを信じず、奴隷制度廃止を押し付けられることを恐れて合衆国から離脱し、「連合国」を結成した。

二〇一六年の選挙では、既得権益を守ろうとするトランプが勝利し、民主党は選挙の敗北を受けて、マイノリティや移民より地方の労働者階級の白人を優先する方向転換をする様相だ。これにより、二一世紀の南北戦争は回避されるかもしれないが、ヒラリー政権で活発になると期待されていたテクノロジーやリニューアルエネルギー産業は打撃を受けるだろう。それが大国アメリカの弱体化にもつながる可能性がある。

日本はトランプ政権とどう付き合うべきか

トランプは良い意味でも悪い意味でも次の行動が読めない人物だ。けれども、過去と選挙中の言動を観察していると、ある特徴は一貫している。自分を批判したり悪く言ったりした者は徹底的に攻撃して潰すが、自分を称賛したり支持したりした者には好意的で、後でポジションなどの報奨を与えるという部分だ。

選挙運動では、トランプは日米安全保障条約に基づく日米同盟を見直すことを何度も口にした。「日本に払わせろ」という彼の主張に群衆は沸いた。オバマ政権が推進していたTPPについても「大惨事」と酷評し、「自分ならもっとアメリカに有利な協定を結ぶ」と豪語した。

しかし、トランプは選挙中の見解を突然変えることがある。たとえば、NATO（北大西洋条約機構）を非難し、脱退するべきだと主張していたが、オバマ大統領から政権移行のための説明を受けた後、ＮＡＴＯとの関係はそのまま維持すると心変わりした。日米関係も、いったん現実を知れば、現状維持に切り替えることは大いにあり得る。

トランプは政治のアウトサイダーのビジネスマンなので、これまで日本とのパイプラインになってくれていた共和党知日派との繋がりはない。だが、トランプが外交初心者だというのは、日本にとってチャンスかもしれない。外交の専門家と国際ビジネスで成功しているカリスマ的な日本の起業家が戦略を練れば、日本に有利な交渉ができる可能性もある。ロナルド・レーガン大統領は、マーガレット・サッチャー英国首相や中曽根康弘首相など個人的に仲が良い国に甘く、そうでない国には徹底的に厳しかったという。トランプもそんな大統領になる可能性がある。

（これを書いた六日後に、安倍首相がニューヨークでトランプと会談した。非公式とはいえ、この時期に先進国のリーダーが次期大統領に会うのは異例のことだ。アメリカのメディアや外交の専門家は、長女のイヴァンカとその夫が同席したことなどで公私混同のトランプを非難したが、日本と安倍首相に対しては、「日米関係は日本だけでなく、アメリカにとって非常に重要」としておおむね好意的に捉えた）

これからの二大政党

2章で説明したように、大統領選挙はアメリカの情勢を反映すると同時に、方向性を大きく変える。二〇一六年の選挙をきっかけに二大政党は次のように変わっていくだろう。

民主党——若い世代の党員を増やし、情熱を与えるために左傾化する。現在コアになっているグループは、都市部の住民、移民、人種マイノリティ、高学歴者、若者、女性、LGBTQ、キリスト教以外の宗教あるいは無宗教だが、今後は地方の白人労働者階級を取り込むことを優先するだろう。

共和党——トランプに票を入れた有権者を満足させるために地方の労働者階級、保護貿易主義者を優遇せざるを得なくなる。自由貿易主義者と、トランプ支持者との間で摩擦が起こる。マイノリティの中では共和党支持が多かったアジア系やヒスパニック系の離脱。コアになるグループは、地方の住民、白人、低学歴者、四〇歳以上の年齢層、男性、キリスト教保守。

共和党のこれから

大統領選が始まる前には、共和党のリーダーはポール・ライアン下院議長だった。ティーパーティー運動など保守派からの強い支持があった若手で、二〇一二年にミット・ロムニーの副大統領候補になったときには失敗したが、近い将来には大統領候補として出馬すると見られていた。今回出馬しなかったのは、ヒラリー勝利の可能性が高いと見たからだろう。ライアンはまだ若い。四年後にヒラリー政権で不満を抱えた国民に「変化」を売るほうが勝ちやすいという戦略だったのだろう。

ライアンは、党の指名候補であるトランプに対して反対でも賛成でもない煮え切らない態度を取り続けた。暴言への批判は中途半端で、指名候補として公式に支援はしないが、「彼は共和党指名候補にふさわしくない」とも公言しない。その結果、共和党の有権者たちはライアンへの信頼を失った。選挙の二週間前の世論調査では、共和党のリーダーとしてトランプを選んだのが六三％で、ライアンを支持したのは三四％でしかなかった。ライアンはもう党のリーダーとして機能しなくなった。

トランプ政権下での共和党では、ライアンを含めてこれまで権力を持っていたエスタブリッシュメントが非力になる。二年後に選挙を控えた議員は、トランプに反抗したくてもできなくなる。トランプのファンになった有権者を怒らせて票を失うのが怖いからだ。

一九九〇年代までは多かった「外交と経済に強く、民主党とも協働できる穏健派」の共和党議員は、すでに減少しているが、ますます居場所を失うだろう。

民主党のこれから

ヒラリー当選のために働いてきた民主党ボランティアたちは、トランプ当選が決まった日の心境を、「身内の誰かが死んだような気分」、「9・11（同時テロ）が起こった直後の絶望的な感覚と同じ」、「ブッシュが再選したときも世界が終わるほど最悪の気分だったが、いま思うと最悪ではなかった。今回は規模が違うひどさだ」と口々に語った。

ボストン周辺の大学では教授すら涙をため、お通夜のような雰囲気だったという。大統領と上院下院議会のすべてを共和党が支配することにより、オバマ政権で維持できていた教育や福祉関係のプログラムが多く削られる恐れがあるからだ。

だが、トランプ当選のショックでリベラルが闘志を燃やし始めたのも事実だ。選挙翌日から、全米各地で「（トランプは）私の大統領じゃない」という反対デモが起こっている。

とはいえ、反トランプでは一致していても、民主党が団結しているわけではない。

ヒラリー敗北の原因のひとつは、サンダースとの苛酷な予備選でできたリベラルの大きな亀裂だ。民主党内には、中道穏健派と「プログレッシブ」と呼ばれる左寄り勢力がある。中道穏健派はオバマ大統領の政策にほぼ満足し、それを継続していくことを望んでいたが、プログレッシブはオバマ大統領が中道すぎると感じていた。オバマ大統領の人格は尊敬するが、共和党への態度は「紳士すぎる」という。「交渉する前から譲歩するから共和党につけこまれる」とオバマの弱腰を非難する。

ヒラリーを拒否し、サンダースを歓迎したのは、こういった民主党内のプログレッシブだ。長年の民主党員は本選ではヒラリーを支持したが、「サンダースなら勝てていたのに」と忸怩たる思いを引きずっている。全米で起こっているトランプ反対デモに賛同するのもこの勢力だ。

ヒラリー支持の穏健派から聞こえてくるのは、「これが現実だから仕方がない。トランプの政策で置き去りになる労働者や低所得者の救済に努め、二〇一八年の中間選挙に向けて活動を始めよう」といった声だ。だが、プログレッシブからは、「穏健派では政権を取り戻すことはできない。だから大統領選に負けた」という声が聞こえてくる。彼らには活気があり、しかも欲しいものを力ずくで手に入れるアグレッシブさがある。

前任の民主党全国委員長は、ウィキリークスによる民主党全国委員会のEメール流出で職を失った。民主党は、党を導く全国委員長を新たに選ばなければならない。現時点で候補に名乗りを上げているのは、元バーモント州知事で元民主党全国委員長のハワード・ディーンと、ミネソタ州下院議員のキース・エリソンだ。

全国委員長だったときに「五〇州政策」を導入してオバマ当選に貢献したディーンは、議員から尊敬されるマネジメント能力を持っている。いっぽうのエリソンは、カトリック教徒として育てられた黒人だが、大学在学中に自らの意志でイスラム教徒に改宗したという経歴を持つ。予備選ではサンダースの支持者としてメディアにもよく登場し、サンダースの情熱的な支持者から愛されている。

現時点ではどちらが委員長になるか決まっていないが、エリソンが選ばれる可能性が高い。それは、「次の選挙で勝てるのは、若者を運動にかきたてることができるプログレッシブ」という認識が民主党内で高まっているからだ。また、トランプが魅了したのが「地方の労働者階級」ということも大きな要因になっている。

「トランプはきっと自分に投票してくれた労働者階級を裏切るだろう」とある民主党の地方議員は語った。今回の選挙で失った彼らを取り戻すためには、民主党はさらに左に行くしかない、という考え方だ。党を左に導くとしたら、適任者はエリソンだ。

こういった二大政党の戦略で取り残されるのは、「中道稳健派」の議員であり、アメリカ国民だ。

民主党の穏健派のなかには、「共和党候補(穏健派)のケーシックはまともな人物だ。なぜ共和党は彼を選ばなかったのか?」という人はかなり存在する。「予備選でのヒラリーの政策は非常に現実的で、好景気ももたらしただろう」という穏健派の共和党員も少なくない。実際には、穏健派で現実主義者のほうが多くの国民に合う政治をすることができるのだが、残念なことに、有権者にとっては極端な意見のほうが正直で魅力的に見えるのだ。

アメリカにとって深刻な問題は、票田確保のために二大政党が極端に左右に動くことだ。そこで失われるのは、マジョリティの米国民にとって重要な政策だ。上位一％の富裕層でもなく、連邦収入税を払わなくてすむ低所得者でもない人々は、実際には国を安定させる「中流階級」なので重要だ。ヒラリーはそれを認識していたが、「中流階級」の重要さを語れば語るほど、票は逃げた。この結果を受け、ますますこの層は無視されることになるだろう。

居場所を失った中道穏健派の議員たちを受け入れる大きな第三政党があればいいのだが、現存する第三政党は、右寄りのリバタリアンと左寄りの緑の党であり、中間がすっぽり抜けている。

この混沌の中から、中道穏健派の大きな力を持つ第三政党が生まれるか、あるいは二大政党の穏健派が「連合体」を作ることができたら、アメリカの政治は再び大きく変わるだろう。

だが、穏健派がこれ以上力を失ったら、都市部の左寄りリベラルと地方の白人労働者の亀裂はますます深まるだろう。どちらも相手のことを理解しようとしないし、譲歩しないからだ。この状態が進めば、アメリカは本当に内戦状態になりかねない。

おわりに――亀裂が広がるアメリカの前途

私が住んでいるのは、アメリカで最もリベラルだと言われるマサチューセッツ州のボストン近郊でヒラリー支持者が多い。共和党員であっても、経済的な保守で、社会的には同性結婚も中絶の権利も信じている人がほとんどだ。警察署が警官に反偏見のトレーニングをするほど多様性を重んじる町に住んでいると、つい、「これぞアメリカ」と思いこんでしまう。

けれども、人口の九四%が白人のニューハンプシャー州で、約一〇か月にわたって、共和党と民主党五候補の選挙イベントに参加し、それぞれの候補の支持者たちから話を聴き、メールを交わし、フェイスブックの友だちになり、民家の戸を叩く地上戦に参加しているうち、アメリカにはいろいろな姿があることをつくづく実感した。

経済的に恵まれている都市部のリベラルは、貧困層を救う「経済的正義」を熱く語るが、地方の労働者階級は、そんなインテリ・リベラルを嫌悪している。彼らには、親から引き継いだ独自の文化や伝統があり、その範囲で誇りを持って生きている。彼らにとっては、それが「真のアメリカ」だ。都市部のリベラルは、「グローバル化」でリッチになったくせに、しゃれたカフェで豆乳ラテと豆腐バーガーを食べながら貧乏人を憐れむ鼻持ちならない者だと思っている。「そんな奴らから、何が地方の労働者にとって良いことなのかを説教されたくない」という彼らの気持ちもよくわかる。

地方の労働者たちは、多様性がある都市部のリベラルがどんなものか、すでに知っていると思っているから、それ以上知りたくもない。都市部のリベラルは、地方の労働者を誤解したままで救済しようとする。そこには傲慢な正義感がある。

どちらの集団も、相手のことを本当に理解せず、自分たちにとって心地が良いバブルの中だけで仲間意識を強め、異なるグループに懐疑心や敵意を抱く。その傾向が強くなったのが、今回の大統領選挙だった。

それには、ソーシャルメディアの影響も大きいと、私は思う。

実際に顔をあわせて話を聞くと、私とは思想的に異なる候補の支持者にも素朴でフレンドリーな人はたくさんいた。そして、努力すれば、なにかひとつは共感できることがみつかった。でも、ソーシャルメディアだと、そういうやりとりはなかなかできず、「同感」か「反感」の極端な選択になってしまう。顔を見せないから、見知らぬ人にひどい罵り言葉を平気で書き込む者も多く、その環境に慣れると、今度は実際の場でも、ソーシャルメディアのような罵りを平気でするようになる。私は、二〇一五年の夏からしだいに過激化する様子を目撃してきた。

私は、Cakesというオンラインマガジンで二〇一五年の年末から大統領選について連載コラムを書いた。また、ニューズウィークでも大統領選の現地レポートを行った。

それらを読んで、「アメリカで起こっていることの本質について、ぜひ一冊お書きいただきたい」と声をかけてくださったのが、晶文社の編集者の足立恵美さんだった。「イギリスの離脱派を非難したり、トランプ氏をけなしても、あまり意味のないことだと思います。どうしてそのようなことが起こるのか、その本質のところが知りたい」という足立さんの言葉に強く共感を覚え、本書を書かせていただいた。

大統領選の激戦州で支持者に触れた私は、トランプ勝利の可能性があることを予測していたが、同時に「ならないでほしい」とも祈ってきた。なぜなら、アメリカのマイノリティや女性が長年かけて勝ち得た人権が、トランプ政権の四年間で崩壊してしまう可能性があるからだ。上院も下院も共和党が過半数を保持しているので、大統領まで共和党になったら、超保守の最高裁判事任命を止めることはできない。中絶の権利や同性結婚の権利などが奪われてしまう可能性は大いにある。オバマ大統領のもとで進みはじめた銃規制も、これですっかり後退することになる。また、トランプも共和党も地球の温暖化に懐疑的で、環境保護の政策はビジネスには不利だという立場だ。だから、環境破壊も進むだろう。

また、トランプの独裁主義者的な言動は、保守やリベラルという政治的立ち位置を超えた危険なものだ。ロシアにヒラリーや民主党選挙本部のEメールのハッキングを公然と勧めるなど、共産主義と社会主義を嫌悪していた冷戦時代の共和党大統領のレーガンが墓場から出てきそうな暴言だ。また、核兵器についても、「なぜ使ってはいけないのか?」という質問を繰り返し、日本にも核兵器を持つよう勧めた。外交に強かった時代を知る共和党員がトランプを拒否して、ヒラリーに票を投じた理由のひとつがこれだ。

悪い予感

選挙前日、私はニューハンプシャー州でのオバマ大統領のヒラリー応援ラリーに出かけた。現職大統領としての彼のスピーチを生で聴くのはこれが最後だ。

会場に続く長蛇の列に並んでいる間、周囲の人々に心境を尋ねてみたところ、みな「心配で夜も眠れない」、「胃が痛い」、「早く終わって安心したい」と言う。そして、「堂々と差別発言をし、自分に反対する者に暴力すら促す人物が大統領になったら、国民にそれらの行動を許可するようなものだ」、「超保守の最高裁判事が任命され、中絶の権利が奪われるだろう」と不安を口にする。

有名な選挙予測のサイトではヒラリーが圧倒的に有利と出ていたが、私が話を聞いた誰ひとりとして安心してはいなかった。

その夜、オバマ大統領は、ニューハンプシャー州立大学のアイスホッケー競技場に集まった観衆に力強い声で語りかけた。リラックスした態度なのに大統領らしい品格があふれている。黒人ゆえに、共和党議会からかつてないほどの抵抗にあいながらも、八年間決して、品性を失わなかった。かっこよくて徳がある。そんな大統領は、アメリカ史上オバマだけだ。

オバマ大統領のスピーチに励まされて家に戻ったが、選挙当日は胃が痛くて、落ち着かない。祈るような気持ちで午後八時の開票を待った。最初の関門はフロリダだった。ここで勝てば、ヒラリーの勝率が八〇%以上だということを信じることができる。

だが、開票がまだ二〇%程度の時点で悪い予感を覚え始めた。

郡のレベルで、人口動態と世論調査の結果から綿密に計算された予測と異なるのだ。二〇〇八年と二〇一二年にオバマ大統領が勝った民主党寄りの地域で、トランプが有利になっている。

私のように世論調査や細かい人口動態統計を継続的に見てきた人たちは、九時半の時点でトランプが勝つ確率のほうが高くなったことを感じたはずだ。それからトランプ当確の結果が出るまでの四時間は、出口がないトンネルのように感じた。

だが、それからすぐに就寝するわけにもいかない。結果が出てすぐにニューズウィーク用の記事を書き、ようやくベッドに入ったのが午前五時だった。しかし、睡眠不足にもかかわらず眠れない。そこで、おとぎ話を元にした児童書ファンタジーの洋書をオーディオブックで聴きながら眠ることにした。余計なことを考えずに気持ちを明るくしようと思ったのだ。

寝落ちできたのはいいのだが、二時間後に「近づく人をうまい言葉で騙す魔術を持つ継母」が出てきて目が覚めた。オーディオブックを止めてもう一度寝ようとしたところ、娘から電話がかかってきた。どうも泣いているような声だ。

彼女もニューハンプシャー州でヒラリーのためにドアを叩く地上戦に参加していたので、心情的にヒラリーに入れ込んでいたのだ。「女性やマイノリティやLGBTQへの差別に対して、私たちはこれからどう闘っていけばいいのか?」と言う。

それから一時間ほど涙ながらに話したのだが、後で歌手のマイリー・サイラスのビデオを見てまた涙目になってしまった。

マイリー・サイラスは「私はバーニーやヒラリーを強く支持してきた。ヒラリーは、女性初の大統領になる資格があると信じている。彼女にその機会を持ってほしかった。だって、彼女はこんなに長い間闘ってきたのだから。彼女はこの国を愛しているし、国のために尽くすことだけやってきた。この国を良くするために身を捧げてきた。彼女がやってきたのはそれだけ」。マイノリティや障がい者への差別やいじめ発言をしてきたトランプに対しても、（すべての人を受け入れるという）信念に従い、「私はあなたも受け入れる。大統領としてのあなたも。なぜなら、希望を持ちたいから」と涙ながらに語った。

まるで、早朝に交わした娘との会話の再現だった。

その後で、ヒラリーの敗北宣言を聴いたが、特に若者への次の呼びかけが心に響いた。「この敗北は辛いものです。でも、どうか、正しいことのために戦う意義を信じ続けてください」。

これを聴いたあと、私はこうツイートした。

「私はトランプを人間としてまったく尊敬できない。けれども、彼が大統領になったかぎりは、良い大統領になってほしい。ここ（ニューズウィークコラム）に書いているように。彼がアメリカや世界をめちゃくちゃにして、彼に投票した人に『ざまを見ろ』とは言いたくはない」

すると、同じころ、私の娘もフェイスブックの投稿をこんなことを書いていた。

ずっと私が考え巡らせていたのは、「じゃあ、これから何をすればいいのか？」。政治について論議を交わし、電話をし、地上戦で戸をたたき、投票したのに、結果はこうなってしまった。

フェイスブックでの素晴らしい投稿を読み、家族や友だちと心情を語り合い、少し気分はましになったけれど、それでも胸の重みを消すことができない。じゃあ、何をすればいいのか？　そこで思いついたのが次の二点だ。

まずは、アートを作ろう。

多くの人は、私やあなたのような人のことを知らない。たとえば、移民、女性、肌の色が異なる人種、ＬＧＢＴＱ、障がい者、そのほか何であれ侮蔑やいじめの材料にされたことがある人。それがどんな気持ちなのか、あなたにしかわからない。でも、伝えることはできる。ストーリーは共感に変わる。そして、共感は、私たちが持つ最も強い武器なのだ。

次に、あきらめないこと。

ヒラリーは今日のスピーチでこう言った。

「このスピーチを聴いているすべての小さな女の子に伝えたい。あなたには価値があるし、力もある。この世界で自分の夢を追い、達成するすべてのチャンスを得る権利があるのです」

彼女からこの言葉を聴いて良かった。なぜなら、すべてがすごく不公平だと思っていたから。思っているだけでなく、実際に不公平だ。でも、他人からそう扱われるからといって自分を無能だと感じてはいけない。

だから、アートを作ろう。そして、自分の言葉を伝えよう。そして、共感を広めていこう。

そして、決してあきらめてはいけない。

ヒラリーのスピーチと娘の投稿が、私を励ましてくれた。

そして、まずはトランプによい大統領になるチャンスを与えてやろうとも考えた。

しかし、現実社会では、トランプが選挙に勝った翌日から、全米でおおっぴらな差別が起こり始めていた。

広がる差別

中東出身者に見える男性は、ガソリンスタンドで見知らぬ者に「この国から出ていく時がきたぞ、アプー！」と怒鳴られ、イスラム教徒の大学生は寮のドアに「トランプ！」というマジックで書き込みをされた。バス停でナイフをつきつけられた女子大生、「国に帰れ！」と怒鳴られたヒスパニック系の女性、「ニガー」と呼ばれた黒人の青年、腕を掴まれて「アジアに帰れ」と攻撃され続け、逃げるために喉を叩いたら加害者が呼んだ警官に手錠をかけられたアジア系アメリカ人の女性……。数え切れないほどの例がソーシャルメディアで報告されている。いずれも、トランプ勝利を祝う支持者によるものだ。

胸が痛くなったのは、ヒスパニック系の学生が寮の部屋に戻ったら、ルームメイトがベッドの間に靴やハンガーで壁を作り、その上にこんなメモを残していた写真だった。

「マリア、トランプが勝ったよ。そこで、これから起こることのちょっとした予告編をどうぞ。＃壁　リジーより♡」

署名のところに♡をつけているところが、これから全米の学校で起こるいじめの陰湿さを、かえって強く印象づけている。いじめる自分がキュートだと思っているのだ。相手を同等の人間とみなしていない優越感が滲み出ている。

差別を堂々と語り、集会で自分に反対する者への暴力を示唆するような人物が国のトップに立つというのは、国民に「差別をしたかったらやってもよい」と許可するようなものだ。大統領が率先して差別をしているのに、小学校で教師がどうやっていじめを止めればよいのか？　教師や親は、すでに深刻に悩んでいる。

また、トランプは環境保護庁（ＥＰＡ）の長官に、自由市場シンクタンクに勤める地球温暖化懐疑派マイロン・イーベルを考えているというニュースも入った。これで、オバマ大統領が進めた環境保護政策は一気に後戻りしてしまう。

トランプの減税も、金持ち優先であり、彼を支持した労働者階級の人々を救うものではない。

選挙の間、トランプは不満を抱える白人たちに過剰な約束をした。

「メキシコとの国境に壁を作る」、「オバマケアより安くてすばらしい医療制度を作る」、「職が外国に行くのを防ぎ、高給の職をたくさん作る」という選挙公約はすばらしいが、彼にはそれを実現するために必要な経験や政治手腕はない。その結果、景気が悪化し、生活が今よりも苦しくなり、病気になっても医療保険に加入できなくなったら、トランプを支持した人たちは、今度は怒りをどこにぶつけるのだろうか？

ふたたび政治家への不信感を抱えるだけなのかもしれない。

私たちが希望を抱けるとしたら、若い世代だ。

二九歳以下の若者の過半数がヒラリー支持だったことを考えると、若い世代のアメリカ人にとって「多様性」があたりまえになりつつある。

今度こそ、本当に国民のことを考えてくれる大統領が生まれるために、民主党とトランプを拒否した共和党員は、力をあわせて分裂しかけているアメリカをひとつにまとめる努力をしなければならない。

そして、それができる若い政治家を育てなければならない。

私も、移民のひとりとして、分析するだけでなく、これまでのように直接関わっていくつもりだ。

最後になるが、ジャーナリズムを学んでいない私に大統領選についてコラムを書く機会を与えてくださったニューズウィーク日本語版の編集者の知久敏之さん、Cakesの編集者の中島洋一さん、そして、ユニークな大統領選の本を書く機会を与えてくださった足立恵美さんに心から感謝したい。

二〇一六年一一月一二日

渡辺由佳里

好評発売中

アラー世代　アフマド・マンスール　高本他　訳

ドイツで移民の背景をもつ若者たちがイスラム過激主義に染まり、ISに参加するためにシリアへと向かう。何が彼らを駆り立てるのか？　かつて自らも過激主義に走った経験をもつ著者が、サラフィストの手口を心理学的に分析し、予防と脱過激化の方法を提唱する。

現代の地政学　佐藤優

イギリスのEU離脱で揺れるヨーロッパ、泥沼化する中東情勢、「イスラム国」の脅威、テロ・難民問題……複雑に動く国際情勢を読み解くには、いま「地政学」の知見が欠かせない。世界を動かす「見えざる力の法則」を明らかにする、地政学テキストの決定版！

民主主義を直感するために　國分功一郎

「何かおかしい」という直感から、政治へのコミットメントははじまる。パリの街で出会ったデモ、小平市都市計画道路反対の住民運動、辺野古の基地建設反対運動……哲学研究者が、さまざまな政治の現場を歩き、対話し、考えた思索の軌跡。

環境と経済がまわる、森の国ドイツ　森まゆみ

ドイツは福島第一原発の事故を受け、脱原発に舵を切った。原発に頼らない社会をどのように達成しようとしているのか？　環境都市フライブルク、町自前の電力会社をもつシェーナウなどの町を訪ね、市民の実感を伴う、環境対策、脱原発への道筋を探る。

老北京の胡同　多田麻美　写真：張全

劇的な都市開発のもと、ある日、忽然と町が消える。露天商、古樹、子どもたちの足音、人々のネットワーク、記憶……。一つの町が消えるとき、何が失われ、何が残るのか？　北京の路地「胡同」に魅せられ、胡同に暮らしてきた著者による15年間の記録の集積。

映画と歩む、新世紀の中国　多田麻美

激動の現代史を経てきた中国。いまだ社会にひそむ文革の傷跡、改革開放政策のもたらした格差にあえぐ人々、農村の現実、そして多様化する家族の有り様まで、映画は細部を映し出す。現地に住み、リアルタイムで中国映画を追いかけてきた著者によるエッセイ。

近くても遠い場所　木下直之

見世物、絵馬堂、美術館、動物園、お城、戦争……著者は見慣れた風景の中に、見落としてきたものを見つけ、新たな意味や価値を発見する。およそ150年の日本社会の変遷を、風景から掘り起こす歴史エッセイ。

アメリカ
大統領選《だいとうりょうせん》
2016

トランプがはじめた21世紀《せいき》の南北戦争《なんぽくせんそう》

2017年1月25日　初版

著者
渡辺由佳里

発行者
株式会社晶文社
〒101-0051 東京都千代田区神田神保町1-11
電話 03-3518-4940（代表）・4942（編集）
URL http://www.shobunsha.co.jp

印刷・製本
ベクトル印刷株式会社

© Yukari WATANABE 2017

ISBN978-4-7949-6948-4 Printed in Japan

JCOPY〈（社）出版者著作権管理機構 委託出版物〉
本書の無断複写は著作権法上での例外を除き禁じられています。
複写される場合は、そのつど事前に、（社）出版者著作権管理機構
（TEL：03-3513-6969 FAX：03-3513-6979 e-mail: info@jcopy.or.jp）の許諾を得てください。
〈検印廃止〉落丁・乱丁本はお取替えいたします。

渡辺由佳里

YUKARI WATANABE

エッセイスト、洋書レビュアー、翻訳家。助産師、日本語学校のコーディネーター、外資系企業のプロダクトマネージャーなどを経て、1995年よりアメリカに移住。2001年に小説『ノーティアーズ』で小説新潮長篇新人賞受賞。翌年『神たちの誤算』(共に新潮社刊)を発表。他の著書に『ゆるく、自由に、そして有意義に』(朝日出版社)、『ジャンル別 洋書ベスト500』(コスモピア)、『どうせなら、楽しく生きよう』(飛鳥新社)、『暴言王トランプがハイジャックした大統領選、やじうま観戦記』(ピースオブケイク／Kindle版)など。翻訳には、糸井重里氏監修の『グレイトフル・デッドにマーケティングを学ぶ』(日経BP社)、『毒見師イレーナ』(ハーパーコリンズ)など。ニューズウイークにて『【2016米大統領選】最新現地リポート』、『ベストセラーからアメリカを読む』連載。Cakesにて『アメリカはいつも夢見ている』と『アメリカ大統領選、やじうま観戦記!』連載。新刊洋書を紹介するブログ「洋書ファンクラブ」は、多くの出版関係者が選書の参考にするほど高い評価を得ている。